SPANISH

PROGRAMMATIC COURSE
WORKBOOK

Volume 2

Vicente Arbeláez, María C. Alvarez Ortega, Mercedes M. Centeno and José A. Mejía

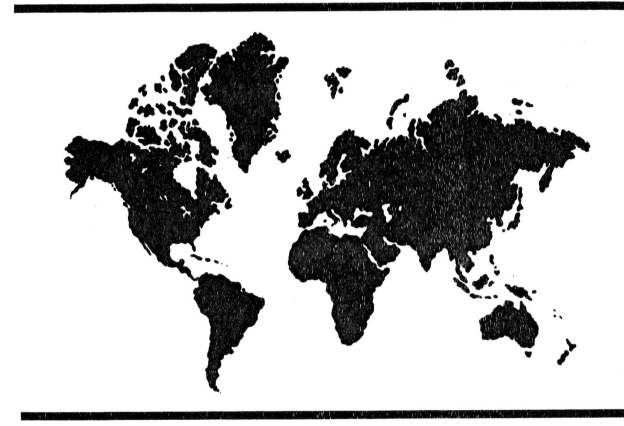

FOREIGN SERVICE INSTITUTE
DEPARTMENT OF STATE

WASHINGTON, D.C., 1989

This printing produced by **AUDIO·FORUM** On-the-Green, Guilford, CT 06437

Spanish Programmatic Course Workbook, Vol. 2

This printing produced by
Audio-Forum,
a division of Jeffrey Norton Publishers, Inc.
On-the-Green, Guilford, CT 07437

ISBN: 0-88432-697-7 (Workbook)

This workbook is designed to accompany Spanish Programmatic Course Vol. 2, consisting of 8 audio cassettes, a textbook, and a tapescript manual. This program is available from Audio-Forum.

ISBN: 0-88432-016-2 (Cassettes, text, and tapescript manual)

PREFACE

This workbook is a continuation of the F.S.I. <u>Spanish Programmatic Course,</u> <u>Volume I</u>. It is designed to provide students with written reinforcement of the linguistic structures in the F.S.I. <u>Spanish Programmatic Course, Volume II</u>, and is consequently to be used in conjunction with that text.

In addition to traditional fill-in-the-blank and question-and-answer exercises, we have tried to use various types of exercises devised to challenge the students' capability and imagination. Answers to the exercises (with optional answers given in parentheses) are located in the back of the <u>Workbook</u> to allow for student self-correction.

Under my direction, María del Carmen Alvarez-Ortega, Mercedes M. Centeno, and José Anibal Mejía, Spanish Language and Culture Instructors at F.S.I., compiled and edited exercises that they and their colleagues had developed over the years.

Thanks are in order to the many instructors who contributed to this <u>Workbook</u>-- especially to Agustín Vilches, who provided many helpful ideas; and to Elsa Carrión Petruş, Leonel Rojas, and Silvia Muñoz, who field-tested and critiqued the materials. Additional field-testing was done by María del Carmen Alvarez-Ortega and Mercedes M. Centeno, who was also responsible for the organization and typing of the <u>Workbook</u>. The final manuscript was edited by Michael S. Allen. Arrangements for publication were made by Hedy A. St. Denis and John C. McClelland.

We would like to express our deepest appreciation to Stephen Zappala, Chairman of the Department of Romance Languages, for his continous advice; to Stephen Stryker, Head of the Spanish Section at F.S.I., for his valuable guidance; and to Susana K. Framiñan, Spanish Language Training Supervisor, for her worthwile suggestions.

Vicente Arbeláez
Spanish Language Training Supervisor
School of Language Studies
Foreign Service Institute

TABLE OF CONTENTS

EXERCISES	PAGE	ANSWER KEY
1. The Imperative		
A. Imperative Regular Verbs	1	a.1
B. Imperative Regular and Irregular Verbs	1	a.1
2. The Subjunctive (after "es necesario que, le aconsejo que and quiero que")	3	a.1
3. "Más de," "Más que" and "Más de lo que"		
I. más de vs. más que vs. más de lo que	5	a.2
II. más que vs. menos que vs. más de vs. menos de vs. más de lo que vs. menos de lo que	6	a.2
4. "Por" and "Para"		
A. por vs. para	7	a.2
B. por vs. para	8	a.3
5. "Parecer"	9	a.3
6. "Más," "Más que," "Más de lo que" and "No / Nada más que"	10	a.3
7. "Dejar de" + Infinitive and "Dejar" + Infinitive		
A. dejar de + Infinitive vs. dejar + Infinitive	11	a.3
B. dejar de + Infinitive vs. dejar + Infinitive	11	a.3
8. Present Perfect		
A. Present Perfect	12	a.4
B. Present Perfect	13	a.4
9. Past Perfect	14	a.4
10. "Dejar" + Infinitive, "Dejar de" + Infinitive and "Dejar"		
A. dejar + Infinitive vs. dejar de + Infinitive vs. dejar	15	a.4
B. dejar + Infinitive vs. dejar de + Infinitive vs. dejar	15	a.4
11. Present and Past Perfect (Review)	16	a.5

12.	First Person Present Tense and Imperative Form		
	A. Present Tense vs. Imperative Form	17	a.5
	B. Present Tense vs. Imperative Form	18	a.5
13.	Present Subjunctive		
	A. ¿Hay alguien aquí que...?	19	a.5
	B. ¿Hay alguien aquí que...?	19	a.5
	C. Aquí hay ... vs. Aquí no hay ...	20	a.6
	D. Aquí hay ... vs. ¿Aquí hay ...?	21	a.6
14.	"Algo / Nada" vs. "Alguien / Nadie" vs. "Alguno / Ninguno"	22	a.6
15.	"Ya," "Todavía no," "Todavía" and "Ya no"	23	a.6
16.	"Debiera" and "Quisiera"	25	a.7
17.	The Imperfect		
	A. The Imperfect	26	a.7
	B. The Imperfect	27	a.7
18.	"Aquí," "Acá," "Ahí" and "Allá"	28	a.7
19.	The Imperfect	29	a.7
20.	The Imperfect vs. Preterite	30	a.8
21.	Past Progressive		
	A. Past Progressive	31	a.8
	B. Past Progressive / Imperfect	32	a.8
22.	Reflexive Verbs		
	A. Reflexive Verbs	33	a.8
	B. Reflexive Verbs	34	a.9
	C. Reflexive Verbs	34	a.9
23.	"Pedir" vs. "Preguntar"		
	A. pedir vs. preguntar	36	a.9
	B. pedir vs. preguntar	37	a.9
	C. pedir vs. preguntar	37	a.9
	D. pedir vs. preguntar	38	a.10
24.	"Salir" vs. "Dejar" vs. "Irse"	39	a.10
25.	"Preocupar"		
	A. preocupar vs. preocupar(se) vs. preocupar(le)	40	a.10
	B. preocuparle lo que vs. lo de	41	a.10
26.	Preterite vs. Imperfect		

	A. Imperfect	43	a.11
	B. Preterite	43	a.11
	C. Imperfect vs. Preterite	43	a.11
	D. Imperfect vs. Preterite	44	a.11
27.	More about Preterite and Imperfect		
	A. Special Cases	45	a.12
	B. Imperfect vs. Preterite	46	a.12
	C. Imperfect vs. Preterite	46	a.12
28.	"Debiera haber" vs. "Podría haber"	47	a.12
29.	Preterite of Irregular Verbs (Review)		
	A. Preterite of Irregular Verbs	49	a.13
	B. Preterite of Irregular Verbs	50	a.13
30.	Indirect Discourse in the Past	51	a.13
31.	"Haber"		
	A. haber	53	a.13
	B. haber	53	a.14
32.	The Comparatives "Tan ...como"		
	"Tanto ...como" and "Tan" "Tanto"		
	A. tan...como vs. tanto...como vs. tan vs. tanto	54	a.14
	B. tan...como vs. tanto...como vs. tan vs. tanto	55	a.14
33.	Present Tense and the Imperative		
	A. 1st. Person Indicative vs. Imperative	56	a.14
	B. Present Tense vs. the Imperative	56	a.14
34.	Vocabulary		
	A. Forming Adverbs	58	a.15
	B. Forming Adjectives	58	a.15
	C. Forming Words with "in" and "des"	59	a.15
	D. Forming Diminutives	59	a.15
35.	"Buen" vs. "Bien"		
	A. buen vs. bien	60	a.15
	B. buen vs. bien	60	a.15
	C. buen vs. bien	61	a.15
36.	The Subjunctive		
	A. Present Subjunctive	62	a.16
	B. Present Subjunctive	63	a.16
37.	The Indirect Command	64	a.16

38.	The Subjunctive		
	A. ojalá	66	a.16
	B. espero	66	a.16
	C. ojalá vs. espero	66	a.16
39.	The Subjunctive		
	A. Present Subjunctive	67	a.17
	B. haya + "ado" "ido"	68	a.17
40.	The Impersonal "se"		
	A. The Impersonal "se"	69	a.17
	B. The Impersonal "se"	70	a.17
41.	The Form "Hay que" + the Infinitive		
	A. hay que + Infinitive	72	a.18
	B. hay que + Infinitive	72	a.18
42.	Prepositions		
	A. Verbs with Prepositions	74	a.18
	B. de vs. para vs. por vs. en vs. entre vs. a vs. con	74	a.18
43.	"Olvidar"		
	A. olvidar(se) vs. olvidarse de vs. olvidársele	76	a.18
	B. olvidársele	77	a.19
	C. olvidársele	77	a.19
44.	Review - The Use of "Se" + The Indirect Object		
	A. se le	79	a.19
	B. se le	80	a.19
45.	Time Expressions	81	a.20
46.	"Deber" "Debe haber" vs. "Debiera" "Debiera Haber"		
	A. debe vs. debe haber vs. debiera vs. debiera haber	83	a.20
	B. debe vs. debe haber vs. debiera vs. debiera haber	84	a.20
	C. deber vs. pedir vs. prestar vs. devolver	84	a.20
47.	More about the Subjunctive "Pedir" + Subjunctive	85	a.21
48.	The Use of "Tener + frío, calor, etc. The Expression "Tener ganas de ..."		
	A. tener frío, calor, ganas de ..., etc.	87	a.21

	B. tener frío, calor, ganas de ..., etc.	87	a.21
49.	Size, Shape, Density		
	Useful Vocabulary	88	a.21
50.	More about Reflexive Verbs	89	a.21
51.	More about Reflexive Verbs vs.		
	Non- Reflexive Verbs	90	a.22
52.	"Ni ... Ni" "Ni siquiera"		
	A. ni vs. ni siquiera	92	a.22
	B. ni vs. ni siquiera vs. no / nada	93	a.22
53.	The Future Tense		
	A. Regular Verbs	94	a.22
	B. Irregular Verbs	95	a.22
54.	The Subjunctive (Review)		
	A. Present Subjunctive	96	a.22
	B. Present Subjunctive	96	a.23
55.	"Cuando," "Tan pronto como,"		
	"Después de que" + Indicative or Subjunctive		
	A. Indicative vs. Subjunctive after cuando, tan pronto como and después de que	98	a.23
	B. Indicative vs. Subjunctive after cuando, tan pronto como and después de que	99	a.23
	C. Indicative vs. Subjunctive after cuando, tan pronto como and después de que	98	a.23
56.	The Familiar Form	101	a.24
57.	"Gustaría" vs. "Quisiera"	102	a.24
58.	"Me," "Me lo," "Se lo," etc.	103	a.24
59.	Present Subjunctive, Present and Past Indicative (Review)		
	A. Subjunctive vs. Indicative	104	a.24
	B. Subjunctive vs. Indicative	105	a.24
60.	"Conocer" vs. "Saber"		
	A. conocer vs. saber	106	a.25
	B. conocer vs. saber	106	a.25
	C. conocer vs. saber	107	a.25
61.	Present and Past Subjunctive	108	a.25
62.	The Subjunctive (Review)		

	A. Present Subjunctive	109	a.25
	B. Present Subjunctive	109	a.25
	C. Indicative vs. Infinitive vs. Subjunctive	110	a.26
	D. Present Subjunctive	111	a.26
	E. Subjunctive vs. Indicative	111	a.26
63.	Present and Past Subjunctive, Infinitive, Present and Past Indicative (Review)	112	a.26
64.	Past Subjunctive	114	a.26
65.	More about the Subjunctive	116	a.26
66.	More about the Subjunctive (Unknown Antecedent)		
	A. Present Subjunctive	118	a.27
	B. Conditional vs. Past Subjunctive	119	a.27
	C. Present Subjunctive	120	a.27
67.	More about Familiar Form		
	A. Imperative 2d. Singular	121	a.28
	B. Imperative 2d. Singular	122	a.28
68.	The Conditional Form		
	A. The Conditional Form	123	a.28
	B. The Conditional Form	123	a.28
69.	Past Subjunctive and Conditional		
	A. Past Subjunctive and Conditional	124	a.28
	B. Past Subjunctive and Conditional	124	a.29
70.	More about Indirect Discourse in the Past	125	a.29
71.	Past Subjunctive and Conditional	128	a.29
72.	Conjecture in the Past	132	a.30
73.	Prepositions, Conjunctions and Adverbs		
	A. Prepositions	134	a.30
	B. Prepositions, Conjunctions and Adverbs	135	a.30
74.	Second Person Plural "Vosotros" Form		
	A. Present Tense	138	a.30
	B. Past Tense	138	a.31
	C. Imperfect	138	a.31
	D. Present Subjunctive	138	a.31
	E. Imperative	139	a.31

F. Imperative   139   a.31

G. Past Tense   139   a.31

H. Imperative (Affirmative)   139   a.31

I. Imperative (Negative)   140   a.31

J. Present Subjunctive   140   a.32

K. The Pronoun "os"   140   a.32

GENERAL REVIEW

Repaso # 1 (Present Tense)   141   a.32

Repaso # 2 (Past Tense)   143   a.32

Repaso # 3 (Prepositions)   144   a.33

Repaso # 4 (Adjective)   145   a.33

Repaso # 5 (ser vs. estar
vs. quedar vs. haber)   147   a.33

Repaso # 6 (verbs)   149   a.34

Repaso # 7 (verbs)

A. Subjunctive vs. Indicative   151   a.34

B. Subjunctive   151   a.34

Repaso # 8

A. (lo que vs. lo cual vs. el que
vs. el cual vs. cuyo vs. con quien vs. de quien)   152   a.34

B. (lo que vs. lo cual vs. el que
vs. el cual vs. cuyo vs. con quien vs. de quien)   152   a.34

Repaso # 9

A. (same as Repaso #8)   153   a.35

B. (same as Repaso #8)   153   a.35

Repaso # 10

A. Reporting a Conversation   155   a.35

B. Reporting a Conversation   156   a.35

C. Past Subjunctive   156   a.35

Repaso # 11

A. Subjunctive   157   a.36

B. Subjunctive vs. Indicative   158   a.36

Repaso # 12 (estar)   159   a.36

Repaso # 13 (ser)   160   a.36

Repaso # 14 (ser vs. estar)   161   a.37

Repaso # 15 (por vs. para)   162   a.37

Repaso # 16 (haber vs. haber + ado-ido)   164   a.37

APPENDIX - ANSWER KEY

1. THE IMPERATIVE
Programmatic (Units 20 and 26)

Modelo: Señor profesor, ¿qué tengo que estudiar hoy?

Estudie la lección 27.

Conteste cada pregunta según el modelo.

A. 1.   Señora, ¿qué tengo que preparar para la clase de mañana?
_____

2.   Señor, ¿puedo abrir la ventana?
_____

3.   Perdone señora, ¿puedo usar su teléfono?
_____

4.   Buenos días. ¿Puedo pasar?
_____

Modelo:
    a un solicitante de visa de turista   llenar - firmar - volver - traer

Llene esta solicitud, fírmela, vuelva mañana y traiga los documentos necesarios.

Ahora, dé usted las órdenes o recomendaciones. Escriba frases completas.

B. 1.   a su secretaria   llegar - escribir - mandar - llamar
_____
_____
_____
_____

2.   a su empleada   limpiar - ir - comprar - hacer
_____
_____

1

3. <u>a su colega</u>   hablar - recibir - decidir - salir - aceptar

_____

_____

_____

_____

4. <u>a unos turistas en su país</u>   visitar - comer - probar - comprar - asistir

_____

_____

_____

_____

_____

5. <u>a su invitado</u>   pasar - sentarse - tomar - servirse - quedarse

_____

_____

_____

_____

_____

6. <u>a su socio (por teléfono)</u>   repetir - hablar - explicar - volver a llamar

_____

_____

_____

7. <u>al empleado en la estación de gasolina</u>

                poner - llenar - revisar - cambiar - reparar

_____

_____

_____

_____

_____

2. THE SUBJUNCTIVE

Programmatic (Unit 26)

Modelo: Yo estudio demasiado, según el profesor.

El profesor me aconseja que no estudie demasiado.

Escriba un comentario apropiado para cada frase usando **querer que**, **aconsejar que** o **es necesario que**.

1.   El camarero no le trae la cuenta al cliente.
2.   Yo le doy mucho trabajo a mi secretaria.
3.   Nosotros no les preparamos los informes a los jefes.
4.   El botones no le trae una toalla más a María.
5.   La suegra del señor Juárez viene a visitarlo.
6.   Ricardo no le cambia el aceite a su carro a menudo, según el mecánico.
7.   Los pasajeros dejan los pasaportes con la recepcionista.

1.   _____

2.   _____

3.   _____

4.   _____

5.   _____

6.   _____

7.   _____

Continuación de la página anterior.

8. Los empleados dicen que los clientes siempre quieren tocar las frutas.

9. Según el dentista, Ana tiene que volver cada tres meses.

10. Los funcionarios consulares no toman los datos correctamente, según los supervisores.

11. Usted llama al Sr. García todos los días, y eso no es necesario.

12. José les dice que tienen que decidir eso pronto.

13. El Sr. Pérez les dice que tienen que firmar el documento.

14. Según nuestros hijos, nosotros necesitamos comprar otro carro.

8. _____

9. _____

10. _____

11. _____

12. _____

13. _____

14. _____

3. "MÁS DE," "MÁS QUE" AND "MÁS DE LO QUE"

Programmatic (Unit 26)

Modelo: **Marta tiene _____ dos libros.**

              Marta tiene _más de_ dos libros.

I.   Llene los espacios en blanco con   **más de**
                                        más que   según convenga.
                                        más de lo que / más . . . de lo que

A.   José ahorró 20 pesos. Sánchez ahorró 15.
   1.   José ahorró _____ 15 pesos.
   2.   José ahorró _____ Sánchez.
   3.   José ahorró _____ Sánchez ahorró.

B.   María aprendió muchas frases. Nosotros aprendimos pocas.
   1.   María aprendió mucho _____ nosotros aprendimos.
   2.   María aprendió _____ diez frases.
   3.   María aprendió _____ nosotros.

C.   Yo tomé 3 semanas de licencia. Mi esposo tomó 2.
   1.   Yo tomé _____ dos semanas.
   2.   Tomé _____ mi esposo.
   3.   Tomé _____ tiempo libre _____ él tomó.
   4.   Tomé_____ eso.

D.   Anoche, Ana durmió mucho, durmió _____ 8 horas. En
   realidad, durmió_____un adulto debiera dormir
   normalmente.

E.   Manuel come mucho. Come _____usted cree. Ayer en el
   restaurante se comió 3 hamburguesas. Comió _____José.

F. El profesor me dice que estudie sólo 2 horas más en casa. Yo sé que tengo que estudiar _____ él me recomienda. Tengo que estudiar _____ 2 horas.

G. Necesito un carro, pero no quiero gastar _____ puedo pagar. No quiero un carro que cueste _____ 8.000 dólares. Necesito un carro bueno porque manejo_____ 30 millas cada día.

Modelo: José tiene _____necesita.

José tiene __menos de lo que__ necesita.

                                    más que / más ... que
                                    menos que
II. Llene los espacios en blanco con   más de   según convenga.
                                    menos de
                                    más de lo que / más ... de lo que
                                    menos de lo que

A. José tiene 20 pesos. Sánchez tiene 15.
    1. José tiene_____Sánchez.
    2. Sánchez tiene_____José.
    3. Sánchez tiene 5 pesos_____José.
    4. José tiene 5 pesos_____Sánchez tiene.
    5. José tiene_____15.
    6. Sánchez tiene_____20.

B. María sabe muchas canciones. Nosotros sabemos pocas.
    1. Nosotros sabemos_____canciones_____María.
    2. Ella sabe_____español_____nosotros sabemos.
    3. Ella sabe_____diez.
    4. Nosotros sabemos_____eso.

6

4. "POR" AND "PARA" (REVIEW)

Programmatic (Unit 26)

Complete las siguientes frases con $\begin{matrix} \textbf{por} \\ \textbf{para} \end{matrix}$ según convenga.

A. 1. Mi esposa quiere cambiar la alfombra de la sala _____ otra nueva.

   2. Creemos que la represa va a estar lista _____ enero.

   3. Ven al balcón _____ ver si viene Antonio.

   4. Siempre transmiten las ceremonias más importantes _____ TV.

   5. Ese proyecto fue ideado _____ un comité especial.

   6. Generalmente las clases son tres veces _____ semana.

   7. ¿Quién vino _____ usted anoche?

   8. El gerente del banco sale _____ Acapulco mañana.

   9. Me equivoqué y tomé el abrigo del señor _____ el mío.

  10. El profesor quiere la tarea _____ pasado mañana.

  11. Traje los caramelos _____ los niños y las flores _____ ti.

  12. Pasé _____ Estela _____ llevarla al cine.

  13. Comprando los huevos _____ docena tenemos un descuento del 10%.

  14. La aspirina es buena _____ el dolor de cabeza.

  15. Vamos a 80 km. _____ hora.

  16. El libro estaba roto. _____ eso no lo compré.

  17. Tengo que llamarlas _____ felicitarlas.

  18. El cliente me dio 40 pesos _____ el trabajo que le hice.

  19. Aprenda estas frases _____ la clase.

  20. Me hace daño viajar _____ avión.

Tache la preposición **por** o **para** que no corresponda.

B.

Ayer 1) por / ~~para~~ la tarde, Mario salió temprano de la oficina 2) por / para comprar algunas cosas. 3) Por / para poder salir temprano tuvo que pedirle permiso al jefe. Le dijo que no había tomado la hora que tenía 4) por / para almorzar, porque quería salir una hora más temprano 5) por / para recoger un regalo que había ordenado 6) por / para su esposa, y que en la tienda le habían dicho que iba a estar listo 7) por / para las cinco de la tarde; también le informó que su compañero de oficina podía contestar el teléfono 8) por / para él si alguien llamaba.

El jefe le contestó que sí, y le preguntó 9) por / para un informe que él estaba preparando. Mario respondió que este informe iba a estar listo 10) por / para el jueves 11) por / para la mañana y luego le dio las gracias 12) por / para dejarlo salir.

13) Por / para un hombre que lleva muchos años de casado, Mario todavía tiene muchas atenciones 14) por / para con su esposa, siempre que puede la lleva a comer afuera y al cine, etc. El le dio el regalo, un vestido hecho 15) por / para una modista muy conocida, y 16) por / para el cual pagó mucho dinero. Después, dieron una vuelta 17) por / para el centro y entraron a uno de los cines que 18) por / para allí se encuentran.

5. "PARECER"

Modelo: ¿Qué le pareció la novela a Ud.?

_____ _____ muy interesante.

                ¿Qué le pareció la novela a Ud.?

            __Me__ _____parecio_____ muy interesante.

Complete las siguientes respuestas con la forma apropiada de **parecer** y **le, me, les** o **nos**, según corresponda.

1.   ¿Qué le pareció la película a Ud.?

        _____ _____ estupenda.

2.   ¿Qué les pareció la obra de teatro a Uds.?

        _____ _____ un poco trágica.

3.   ¿Qué le parecieron a usted las ofertas de la tienda "El Encanto"?

        _____ _____ fantásticas.

4.   ¿Qué le pareció el regalo a su esposa?

        _____ _____ precioso.

5.   ¿Qué les parecieron los resultados de la encuesta a los directores?

        _____ _____ satisfactorios.

6.   ¿Qué le parecieron los nuevos planes al jefe?

        _____ _____ un desastre.

7.   ¿Qué les pareció a ustedes el discurso del presidente?

        _____ _____ muy constructivo.

8.   ¿Qué le pareció a usted la cena en casa de Pérez?

        _____ _____ riquísima.

9.   ¿Qué les pareció a sus amigos el partido del domingo?

        _____ _____ buenísimo.

10.   ¿Qué les pareció a los jefes la conferencia de la semana pasada?

        _____ _____ un fracaso.

6. "MÁS," "MÁS QUE," "MÁS DE LO QUE," AND "NO/NADA MÁS QUE"

Programmatic (Unit 27)

Llene los espacios en blanco con

más de
más que

más de lo que
no / nada más que

según convenga.

A. Luisa gastó cien pesos. María gastó diez.

   1. Luisa gastó _____ gastó María.

   2. Luisa gastó noventa pesos _____ María.

   3. María no gastó _____ diez.

   4. Luisa gastó _____ ella.

B. 1. Tengo _____ dos dólares.

   2. Entonces Ud. tiene _____ yo pensaba.

   3. Lo admiro _____ Ud. piensa.

   4. No traje _____ dos dólares.

   5. Cantó _____ yo creía que iba a cantar.

   6. No vendió _____ 2 computadoras.

   7. No tengo _____ lo que usted me dió ayer.

   8. Bailo _____ Tomás.

   9. Bailo _____ Tomás baila.

  10. Recibí _____ cien dólares por el coche.

  11. _____ tres personas compraron boletos para el concierto.

  12. El proceso duró por _____ veinte días.

  13. No tengo _____ tres dólares.

  14. No estudié _____ español por veinte semanas.

  15. Sé _____ Ud.

  16. Sé _____ tres frases en español.

  17. No sé _____ la primera lección.

  18. Ud. sabe _____ Tomás sabe.

  19. Me dijo _____ yo quería saber.

  20. Mi hermano viaja _____ yo.

7. "DEJAR DE" + INFINITIVE AND "DEJAR" + INFINITIVE

Programmatic (Units 26 and 27)

Modelo: El teléfono no _____ sonar.   o   El teléfono no me _____
                                                 trabajar.

         El teléfono no _dejó de_ sonar.   El teléfono no me _dejó_
                                                 trabajar.

                              dejar de + infinitivo
Use la forma correcta de   según corresponda.
                              dejar + infinitivo

A. 1. Anoche, el ruido del tráfico no me _____ dormir.
    2. Manuel _____ cantar hace un año porque perdió la voz.
    3. La policía no nos _____ pasar porque había un accidente.
    4. No quiere _____ trabajar ni un día.
    5. Tuvimos mucho trabajo. Mi jefe no me _____ salir a comer hasta
        la una.
    6. Dígales que _____ hacer ruido porque es muy tarde.
    7. Ellos pagaron. No me _____ pagar a mí.
    8. Ellos ya no están aquí, _____ asistir a la universidad.

B. 1. Yo no quiero fumar ahora. Yo _____ fumar hace dos años.
    2. ¿Por qué no _____ ir a sus niños a la casa de Pablo?
    3. El profesor no nos _____ hablar en inglés en la clase de español.
    4. Yo no quiero _____ escuchar la radio en español porque me
        sirve de práctica.
    5. No diga eso por favor, _____ decir eso porque eso no es verdad.
    6. El profesor nunca me _____ salir de la clase antes de las 4:00 de la
        tarde.
    7. Ella _____ estudiar con José porque él quiere hablar en inglés
        todo el tiempo.
    8. Las autoridades no nos _____ visitar la zona del desastre.

8. PRESENT PERFECT

Programmatic (Unit 27)

Modelo: ¿Usted _____ (terminar) el ejercicio?

¿Usted __ha terminado__ (terminar) el ejercicio?

Llene los espacios en blanco con la forma correcta de **haber + ado - ido** del verbo entre paréntesis.

A. 1. ¿Usted _____ (hablar) con el Sr. Pérez?
   2. ¿Usted no lo _____ (ver) hoy?
   3. Yo todavía no _____ (tomar) café.
   4. ¿_____ (estar) usted en México alguna vez?
   5. Los Martínez _____ (comprar) una casa muy grande.
   6. Nosotros _____ (vender) la nuestra.
   7. Sánchez _____ (leer) el periódico hoy.
   8. No, yo no _____ (comprar) nada.
   9. ¿Ud. _____ (entender) lo que yo le _____ (decir)?
   10. ¿Quién _____ (abrir) la puerta?
   11. Nosotros no _____ (ir) al mercado todavía.
   12. María, ¿dónde _____ (poner) el dinero?
   13. Yo lo _____ (dejar) sobre el escritorio.
   14. Ustedes nos _____ (hacer) un gran favor.
   15. Ellos _____ (traer) los regalos.
   16. Los García fueron de vacaciones, pero todavía no _____ (volver).

Modelo: ¿Usted ya me escribió las cartas?

No, todavía _____.

¿Usted ya me escribió las cartas?

No, todavía _no se las he escrito_.

Conteste las siguientes preguntas siguiendo el modelo dado.

B. 1. ¿Usted ya abrió la correspondencia?

No, todavía _____

2. Enrique ya le hizo las copias al jefe?

No, _____ todavía.

3. Eloísa ya les dijo a ustedes lo que quería hacer?

No, todavía _____

4. ¿Ustedes ya le dieron las gracias a Matilde?

No, _____ todavía.

5. José, ¿el mecánico ya le entregó su carro?

No, todavía _____

6. ¿El funcionario ya le tomó los datos al Sr. Paz?

No, todavía _____

7. ¿Ellos ya le pagaron el alquiler a usted?

No, _____ todavía.

8. ¿El cartero ya les trajo el correo a ustedes?

No, todavía _____

9. ¿Ya les colocaron la antena de la TV a los vecinos?

No, todavía _____

10. ¿Ustedes ya le mencionaron sus planes al delegado?

No, _____ todavía.

9. PAST PERFECT

Modelo: decir

Fui a ver esa película porque me _____ que era buena.

Fui a ver esa película porque me <u>habían dicho</u> que era buena.

empezar	recomendar	leer	ver
estar	visitar	entender	hacer
comprar	salir	vender	volver

De la lista de verbos, seleccione el más apropiado para completar las siguientes frases. Llene el espacio con la forma correcta de **haber + ado - ido** del verbo seleccionado.

1. Cuando llegamos, la conferencia ya _____

2. Comimos en ese restaurante porque nos lo _____

3. Fui a Madrid de vacaciones aunque ya _____

4. Cuando llamé por teléfono, el Sr. Pérez ya _____

5. Visité las ruinas en el verano porque nunca las _____

6. La profesora nos preguntó si nosotros _____
   su explicación.

7. Jorge habló de un artículo que yo ya_____

8. He comprado una marca que nunca _____

9. Cuando decidimos comprarlo, ya lo_____

10. ¡Qué extraordinario! Nosotros no _____
    nunca una película así.

11. Llamé a Carlos, pero su madre me dijo que no _____
    de la escuela.

12. Tuvimos que prepararlo todo porque nadie _____
    nada.

10. "DEJAR" + INFINITIVE, "DEJAR DE" + INFINITIVE AND "DEJAR"

Programmatic (Units 26, 27 and 28)

Modelo: Yo _____ las llaves en la casa.

             Yo _dejé_ las llaves en la casa.

Llene los espacios en blanco con la forma correcta de   dejar + infinitivo
dejar de + infinitivo o
dejar

A. 1. Ayer el teléfono sonó todo el día y no me_____ terminar mi trabajo.
    2. ¿Usted_____ fumar?
    3. ¿Dónde_____ él las maletas?
    4. ¿Las maletas? Yo se las_____ en su cuarto.
    5. Ese autobús lo_____ cerca de la embajada.
    6. Las maletas son muy pesadas. _____ me que le ayude.
    7. Por favor, _____ tocar el piano. Todos duermen.
    8. _____ me decirle que eso no es así.
    9. ¿Y su carro? ¿Dónde lo_____?
   10. Por favor, _____ molestarme. _____ tranquila.

B. 1. Ayer, Juan_____ los libros en el autobús.
    2. ¿Trajo su libro? – No, lo_____ en el carro.
    3. ¿Dónde_____ a los niños mientras trabaja?
    4. Señores, no_____ sus cosas en el asiento.
    5. Los refugiados tuvieron que_____ sus maletas allá.
    6. Nosotros_____ el paraguas en el restaurante.
    7. ¿Quién_____ el telegrama ahí?
    8. Es mejor que_____ su equipaje en el hotel.
    9. ¿Dónde_____ ustedes los pasaportes ayer?
   10. ¿Los pasaportes? – José y yo los_____ en la embajada.

11. PRESENT AND PAST PERFECT (REVIEW)

Programmatic (Unit 27)

Llene los espacios con la forma correcta de **haber** + **ado - ido**, según convenga.

1. Nosotros _____ (cambiar) las cerraduras de las puertas porque hay muchos ladrones.

2. Julio dijo que el banco le _____ (negar) el préstamo porque no tenía suficiente crédito.

3. Usted no _____ (apagar) las luces porque están prendidas.

4. Ellas no _____ (devolverle) el equipo a la compañía, por eso se lo piden.

5. Señorita, ¿ya _____ (escribir) la carta que tiene que salir hoy?

6. Él no _____ (ponerse) ese traje desde hacía mucho tiempo.

7. ¿Quién _____ (romper) la taza?

8. Ayer, a las 3:00 p.m., ya nosotros _____ (hacer) todo lo que teníamos que hacer.

9. El gerente _____ (visitar) todas las secciones esta semana.

10. Los Smith _____ (probar) este plato antes.

11. Yo no_____ (terminar) la tarea. Tengo que terminarla.

12. Pepe nos invitó al teatro anoche, pero nosotros ya _____ (ver) esa obra.

13. La secretaria lo hizo el lunes porque no _____ (tener) tiempo de hacerlo antes.

14. El Sr. Martínez _____ (decir) que no quiere ir a la fiesta.

15. Los científicos _____ (descubrir) una medicina para esa enfermedad.

12. FIRST PERSON PRESENT TENSE AND IMPERATIVE FORM

Programmatic (Unit 28)

Modelo: Lo siento, yo no _____ (tener) tiempo. _____ (hacerlo) Ud. por mí.

Lo siento, yo no <u>tengo</u> (tener) tiempo. <u>Hágalo</u> (hacerlo) Ud. por mí.

Llene los espacios con la forma correspondiente del verbo entre paréntesis, según convenga. Siga el modelo.

A. 1. (En el teléfono) No la _____ (oir) bien señorita. Por favor, _____ el número otra vez. (decirme).

2. Señor, _____ (tener) la bondad de esperar un poco. Yo _____ (venir) enseguida.

3. Nosotros no _____ (tener) en la casa ni un refresco. Por favor, _____ (traernos) unas Coca-Colas y _____ (ponerlas) en la refrigeradora.

4. Yo _____ (venir) en auto con una compañera de trabajo, si usted quiere, _____ (salir) un poco más temprano y _____ (venir) con nosotros.

5. El niño duerme. Por favor, no _____ (hacer) ruido.

6. Por favor, _____ (oirme) bien y _____ (hacer) lo que _____ (decirle).

7. Cuando llega el viernes por la tarde, yo ya no _____ (valer) para nada.

8. Sr., _____ (tener paciencia), hay muchas personas que llegaron primero que usted.

Complete las siguientes frases con el verbo y el tiempo adecuados.

hacer	tener	poner	traer	salir
caer(se)	valer	venir	sonar	oir

B. 1. María, por favor _____ los platos en la mesa.

   2. ¡_____ señor! _____ cuidado con el perro.

   3. Yo todos los días _____ aquí a las 7:30. ¿A qué hora _____ usted?

   4. No voy a comprar este collar porque _____ mucho.

   5. El suelo está mojado. _____ usted cuidado y no se _____.

   6. Mañana yo no _____ mi carro, así que _____ usted el suyo.

   7. María, _____ me el favor de esperar un poco hasta que termine.

   8. No _____ usted de su casa tan temprano. Yo _____ a las 8:00.

   9. Por favor, _____ usted más empanadillas, somos muchos.

  10. Señorita, _____ el teléfono, por favor, contéstelo.

13. PRESENT SUBJUNCTIVE

Programmatic (Unit 28)

Modelo: ¿Hay alguien aquí que _____ ayudarme? (poder)

No, aquí no hay nadie que _____ ayudarle.

¿Hay alguien aquí que __pueda__ ayudarme? (poder)

No, aquí no hay nadie que __pueda__ ayudarle.

Complete las siguientes preguntas con el verbo que aparece a la derecha, y después, contéstelas como se indica en el modelo.

A. 1. ¿Hay alguien aquí que_____ chino? (entender)

No, _____

2. ¿Hay alguien aquí que_____ reparar carros? (saber)

No, _____

3. ¿Hay alguien aquí que_____ traducciones? (hacer)

No, _____

4. ¿Hay alguien aquí que_____ 20 dólares? (poder cambiar)

No, _____

Formule preguntas apropiadas a cada situación usando ¿Hay alguien aquí que ... ? y el verbo que se da a la derecha.

B. 1. No tengo carro y necesito ir al hospital. (llevarme)

_____

2. Este documento está escrito en italiano. (hablar)

_____

3. No sé que tomar para este dolor de cabeza. (tener aspirina)

_____

4. Esta es mi propuesta para el trabajo. (estar de acuerdo)

_____

5. Hay una fiesta esta noche y voy a tocar la guitarra. (saber cantar)

_____

6. El parquímetro sólo acepta monedas de 25 centavos. (cambiarme este billete)

_____

Convierta las siguientes frases a la forma negativa.

C. 1. Aquí hay un carro que es bueno.

_____

2. Hay muchas compañías que fabrican carros económicos.

_____

3. Aquí hay muchas tiendas que venden artículos importados.

_____

4. Hay una ciudad donde no hay mucho tráfico.

_____

5. Aquí hay una casa que es buena y vale menos de 100.000 dólares.

_____

6. Siempre hay trenes que van casi vacíos.

_____

Convierta las siguientes frases a preguntas.

D. 1. Hay una playa que es buena y está cerca de aquí.

_____

2. Hay un hotel que no cuesta mucho y queda en el centro de la ciudad.

_____

3. Hay restaurantes donde preparan buena comida y los mozos hablan inglés.

_____

4. Hay muchas casas de alquiler que son grandes y tienen jardín.

_____

5. Hay una estación de gasolina donde hacen buenos trabajos y cobran barato.

_____

14. "ALGO / NADA"   "ALGUIEN / NADIE"
"ALGUNO/ NINGUNO"

Programmatic (Unit 28)

Modelo: Aquí hay algo.   Aquí no hay nada.

o

Aquí hay alguien.   Aquí no hay nadie.

o

¿Tiene algún problema?   No, no tengo ningún problema.
(No, no tengo ninguno.)

algo (something) y **nada** (nothing) se refieren a cosas.
alguien (someone) y **nadie** (nobody) se refieren a personas.
alguno (some, any), **ninguno** (no, [not] any) y sus formas femenina y masculina,
singular y plural se refieren a nombres específicos.

Llene los espacios en blanco según convenga.

1. En esta caja no hay _____.
2. Los bancos están cerrados. No hay _____ abierto.
3. María, ¿hay _____ en su casa?
4. De esta situación, hay _____ que me preocupa.
5. ¿Tiene usted _____ libro de español? – No, no tengo
   _____ libro de español.
6. ¿Puede prestarme un diccionario? – Lo siento, no tengo _____
7. Tengo que hacerle _____ preguntas.
8. ¿Tiene _____ que hacer esta tarde? – No, no tengo _____
   que hacer.
9. _____ de estas frases me parecen extrañas.
10. _____ veces todo parece difícil.
11. No se preocupe, _____ día todo será fácil.
12. ¿_____ más señora? No, _____ más.
13. ¿Alguien quiere café? No, _____ quiere café.
14. ¿Tiene _____ pregunta? – No, no tengo_____
15. _____ clientes se quejan del servicio.

15. "YA," "TODAVÍA NO," "TODAVÍA" AND "YA NO"

Programmatic (Unit 28)

Modelo:
    a.   ¿<u>Ya</u> terminó su curso de español?
    b.   No, <u>todavía no</u>.

    a.   ¿<u>Todavía</u> estudia español?
    b.   Sí, <u>todavía</u> estudio español.

    a.   ¿<u>Todavía</u> tiene problemas con los verbos?
    b.   No, <u>ya no</u>.

Llene los espacios con **ya, todavía no, todavía** o **ya no**, según convenga.

A.   a. ¿ _____ compró el carro?
        b. Sí, _____ lo compré, pero _____ tengo que pagarlo.
        a. ¿ _____ lo ha pagado?
        b. No, _____ .

B.   a. ¿Juan, usted _____ se mudó de casa?
        b. _____ . Tengo que esperar un mes más.
            _____ sigo viviendo con mis amigos.
        a. ¿Sus amigos _____ tienen el perro?
        b. _____ . El perro se escapó y no volvió.

C.   a. María, ¿tiene la tarea?
        b. La tenía cuando salí de la casa, pero _____ .
            La he buscado, pero _____ la he encontrado.
        a. Bueno, búsquela mientras yo hablo con sus compañeros.
        b. ¡Ah! ¡Aquí está! _____ la encontré.

D. a. ¿Diana, _____ terminó de estudiar el presente de subjuntivo?

b. Sí, _____ lo terminé.

a. ¿_____ terminó de estudiar el pasado de subjuntivo?

b. No, _____ estoy estudiándolo.

a. ¿_____ conoce todas las cláusulas que requieren el subjuntivo?

b. No, _____ . Tengo que estudiar más.

16. "DEBIERA" AND "QUISIERA"

Programmatic (Unit 28)

Modelo: Tengo mucha sed. _____ tomar una cerveza bien fría,

pero no _____ porque me hace mal.

Tengo mucha sed. __quisiera__ tomar una cerveza bien fría,

pero no _debiera_ porque me hace mal.

Llene los espacios en blanco con **debiera** o **quisiera**.

1. Estoy muy gordo y el médico me dijo que _____ hacer dieta.
   También me dijo que fumaba mucho y que _____ dejar de fumar.

2. Se me terminaron los cigarrillos, _____ ir a comprar más, pero
   hace demasiado frío para salir.

3. Hay una película muy buena en el Monumental. _____ ir a
   verla porque trabaja nuestro actor favorito.

4. El sábado hay una fiesta latina y _____ ir contigo porque sé que
   te gusta bailar mucho.

5. Me han hecho una oferta de trabajo en el extranjero y _____
   aceptarla, pero no _____ alejarme de mi familia.

6. No conozco Europa. _____ ir de vacaciones allí el próximo
   verano, entonces _____ empezar a ahorrar hoy mismo.

7. Ya sé que por ley _____ asegurar mi coche, pero no _____
   pagar demasiado.

8. Hoy es el 10 de diciembre. Ustedes _____ empezar a escribir las
   tarjetas de Navidad para que lleguen a tiempo.

9. Esa casa vieja me gusta y _____ comprarla, pero _____
   consultarle a un arquitecto antes, para ver si vale la pena.

10. _____ comer una buena paella y nos han recomendado un
    restaurante nuevo, pero como es tan popular creo que _____
    hacer reservaciones.

17. THE IMPERFECT

Programmatic (Unit 28)

Modelo: Antes, yo _____ (bailar) mucho.

                 Antes, yo __bailaba__ (bailar) mucho.

Complete las siguientes frases con la forma apropiada del verbo que se da entre paréntesis.

A. 1. Antes, yo _____ (vivir) en California, pero ya no.
   2. Cuando _____ (ser) joven, _____ (practicar) deportes.
   3. Antes, _____ (jugar) tenis todos los días, ahora no tengo tiempo.
   4. Cuando mis hijos _____ (ser) pequeños, los _____ (llevar) a la escuela todos los días.
   5. Cuando yo _____ (estar) allí, no _____ (haber) muchos problemas.
   6. Cuando yo _____ (estar) allí, no _____ (tener) muchos problemas.
   7. Tiene razón. Nosotros _____ (trabajar) muy bien allí.
   8. Cuando yo _____ (ser) joven, _____ (subir) las escaleras corriendo; ahora no puedo hacerlo.
   9. Hace años la gente _____ (lavar) la ropa a mano, ahora se usan máquinas.
  10. En otros tiempos, la gente no _____ (viajar) tanto por avión como ahora.
  11. Antes, yo no _____(usar) tarjetas de crédito. _____(pagar) en efectivo.
  12. Antes, _____(ir) al teatro mucho. Ahora voy menos.
  13. Nosotros _____(caminar) mucho. Era nuestro ejercicio favorito.
  14. Ese hombre _____(ser) muy idealista antes, pero ahora no lo es.
  15. Ese mercado _____(tener) buenos productos antes, pero ahora no los tiene.

De la siguiente lista, seleccione el verbo más apropiado para completar la frase.

ayudar	trabajar	comer	viajar	hablar	ser	ir
jugar	vivir	quedarse	estar	venir	leer	

B. 1. Antes, mi vecino _____ para una compañía privada, pero ya no.

2. Ahora no, antes yo _____ al tenis muy bien.

3. Antes, yo _____ sin anteojos, pero ahora no puedo.

4. Viví dos años en Turquía, y en ese tiempo _____ turco bastante bien.

5. Antes, cuando mis hijos _____ pequeños, se _____ en la casa, ya no lo hacen.

6. Nosotros _____ en Puerto Rico e _____ a la playa todos los días.

7. Cuando mi madre _____ joven, _____ mucho al extranjero.

8. Cuando yo _____ en España, _____ muy tarde. La cena _____ a las 10:00.

9. Antes, nosotros _____ a la oficina en el Metro, pero ya no.

10. Cuando yo _____ a la escuela primaria, mi hermano me _____ a hacer la tarea.

18. "AQUÍ", "ACÁ", "AHÍ" AND "ALLÁ"

Programmatic (Unit 28)

Modelo:

El libro está _____ delante de mí.

El libro está ___aquí___ delante de mí.

o

El teléfono está _____ cerca de usted.

El teléfono está ___ahí___ cerca de usted.

Complete las frases con **ahí, acá, aquí, allí** o **allá**, según convenga.

1. ¿Ve a María? Está _____ al final del pasillo.
2. ¡Venga _____!
3. ¡Vaya para _____!
4. _____ en esta mesa no hay nada.
5. _____ en esa mesa tampoco hay nada.
6. ¿Y _____ en la última mesa hay algo?
7. Por favor, pase por _____.
8. a. ¿Qué hay _____ lejos?
   b. _____ lejos. ¿Dónde?
   a. _____ justo encima de la montaña.
   b. ¡Ah! _____ hay una torre.
   a. Quiero verla. Vamos para _____.

19. THE IMPERFECT

Modelo: María _____ (bailar) con Juan cuando entramos a la discoteca.

María **bailaba** (bailar) con Juan cuando entramos a la discoteca.

Complete las frases siguiendo el modelo dado.

1. Anoche yo _____ (mirar) la TV cuando Juan me llamó.
2. Cuando entramos a la clase, el profesor _____ (explicar) la lección.
3. Juan _____ (estar) en la oficina cuando empezó a llover.
4. Él nos preguntó que qué _____ (hacer) allí.
5. Nosotros le explicamos que _____ (esperar) un taxi.
6. ¿Vio usted el accidente? Sí, lo ví cuando _____ (ir) a mi casa.
7. Ellos _____ (contar) chistes cuando la profesora entró.
8. Cuando llegamos al cine, la gente ya _____ (salir).
9. Los viajeros _____ (esperar) cuando anunciaron la cancelación del vuelo.
10. Ellos _____ (vivir) en el Perú cuando ocurrió el terremoto.
11. Ella _____ (hablar) con Juan cuando se cortó la comunicación.
12. Nosotros _____ (subir) en el ascensor cuando sonó la alarma.
13. Yo _____ (dormir) profundamente pero mi hijo me despertó.
14. Cuando _____ (llegar) a la puerta del banco, el empleado la cerró.

20. THE IMPERFECT VS. PRETERITE

Programmatic (Unit 29)

Modelo:　　　　El ladrón entra.　　　Yo pago la cuenta.

El ladrón entró cuando yo pagaba la cuenta.

Combine las frases de la columna de la izquierda con las de la derecha usando **cuando** y la forma del verbo que corresponda.

1.	Nosotros paseamos por el parque.	Empieza a llover.
2.	Mi vecino trabaja en el jardín.	Lo veo por la mañana.
3.	Nosotros miramos la TV.	Hay un corte de luz.
4.	Yo salgo de mi casa.	El cartero llega.
5.	Pablo baja las escaleras.	Pablo se cae.
6.	Alguien toca a la puerta.	Yo me baño.
7.	El presidente da un discurso.	Los guerrilleros atacan.
8.	A Juan se le para el coche.	Juan cruza el puente.
9.	Ellos van por la ruta 35.	A ellos se les pincha una llanta.

1. _____

2. _____

3. _____

4. _____

5. _____

6. _____

7. _____

8. _____

9. _____

21. PAST PROGRESSIVE

Programmatic (Unit 29)

Modelo: ¿Qué estaba haciendo Nora?

                 <u>Estaba   trabajando en la oficina.</u> (trabajar en la oficina)

escribir

presente progresivo	pasado progresivo
Estoy escribiendo una carta.	Estaba escribiendo una carta.
Está escribiendo una carta.	Estaba escribiendo una carta.
Estamos escribiendo una carta.	Estábamos escribiendo una carta.
Están escribiendo una carta.	Estaban escribiendo una carta.

Conteste las siguientes preguntas.

A. 1. ¿Qué estaba haciendo usted?
       _____ (escribir una carta)

   2. ¿Qué estaba haciendo él?
       _____ (leer un libro)

   3. ¿Qué estaban haciendo María y Josefina en la oficina?
       _____(aprender a manejar la máquina)

   4. ¿Qué estaban haciendo ustedes?
       _____(vestirse)

   5. ¿Qué estaban haciendo ustedes a esa hora?
       _____ (oir las noticias)

Modelo: **Yo bailaba cuando María entró a la discoteca.**

                    <u>**Yo estaba bailando cuando María entró a la discoteca.**</u>

Escriba las siguientes frases de nuevo siguiendo el modelo dado.

B. 1. Ellos escribían el ejercicio cuando el profesor entró.
    2. Yo trabajaba en la oficina cuando empezó a llover.
    3. Nevaba cuando llegamos al aeropuerto.
    4. ¿Qué hacía usted ayer cuando yo llegué?
    5. Julia y Annabella traducían las frases cuando usted tocó a la puerta.
    6. El Presidente daba su discurso cuando empezó la manifestación.
    7. Nosotros mirábamos televisión cuando se fué la luz.
    8. ¿Qué compraban ustedes cuando los ví en la tienda?

1. _____

2. _____

3. _____

4. _____

5. _____

6. _____

7. _____

8. _____

22. REFLEXIVE VERBS (REVIEW)

Programmatic (Units 22 and 29)

Modelo: Nunca me quedo en casa los fines de semana. Por lo general, a
eso de las 5:00 de la tarde me arreglo, y me voy al cine.

El fin de semana pasada no me quedé en casa. A eso de las 5:00
de la tarde me arreglé, y me fui al cine.

Cambie la siguiente historia de acuerdo con el modelo.

A.   Cuando tengo que ir a una entrevista para un trabajo, me siento nervioso. Me
preparo mentalmente; me digo que es un ejercicio nada más. Después, me dedico a
mi apariencia física para causar buena impresión, por ejemplo: me pongo mi mejor
traje y me imagino que soy el rey de la creación; me dirijo al lugar de la entrevista y
me presento a la hora indicada. Durante la entrevista me pongo tan nervioso que
creo que voy a desmayarme, y por eso me fijo en algunos detalles del lugar para
poder iniciar una conversación y me tranquilizo. Al terminar me despido, y me voy
más tranquilo, sin quejarme de mi actuación.

Ayer tuve que ir a una entrevista _____

_____

_____

_____

_____

_____

_____

_____

_____

_____

_____

33

Complete los espacios en blanco con la forma correcta del verbo que se da entre paréntesis.

B.   Todos los días yo _____ (1. despertarse) a las cinco y media, pero no _____ (2. levantarse) sino hasta las seis.

Después de levantarme, _____ (3. cepillarse) los dientes, _____ (4 lavarse) la cara. _____ (5. peinarse) y _____ (6. ponerse) las gafas.

Mi esposa _____ (7. despertarse) un poco más tarde que yo; ella _____ (8. levantarse) a las siete. Entonces _____ (9. bañarse), _____ (10. maquillarse) y _____ (11. vestirse).

Nosotros _____ (12. desayunarse) a las ocho. A las nueve _____ (13. irse) a nuestros respectivos trabajos.

Por la tarde, _____ (14. encontrarse); a veces _____ (15. quedarse) en la ciudad para hacer compras. Luego, volvemos a la casa, y después de haber cenado y leído el periódico, _____ (16. acostarse).

Conteste las siguientes preguntas:

C. 1.   ¿Cómo se siente hoy? - ¿Bien?
         No, _____

   2.   ¿Hasta que hora se queda usted en la clase? ¿Hasta las 4:00?
         Sí, _____

   3.   ¿Usted se olvidó de algo?
         No, _____

   4.   ¿A qué hora se encontraron ustedes en la discoteca? ¿A las 10:00?
         Sí, _____

   5.   ¿A su hija le gusta ducharse con agua muy caliente?
         Sí, _____

   6.   ¿Su esposa se queja de que no tiene suficiente dinero?
         Sí, _____

7. ¿Ustedes se casaron muy jóvenes?

    No, _____

8. ¿Los estudiantes se divierten mucho en el laboratorio?

    No, _____

9. ¿A qué hora se despierta Ud.? ¿Antes de las siete?

    Sí, _____

10. ¿Los niños se cepillaron los dientes antes de acostarse?

    No, _____

11. ¿Su esposa se maquilló después de bañarse?

    Sí, _____

12. ¿Él se durmió en el sofá mientras miraba la TV?

    Sí, _____

13. ¿Ana siempre se seca el pelo después de salir de la ducha?

    Sí, _____

14. ¿Ustedes siempre se quitan los zapatos cuando llegan a su casa?

    No, _____

15. En el avión, ¿ustedes se sentaron en la sección de no fumadores?

    Sí, _____

23. "PEDIR" VS. "PREGUNTAR"

Programmatic (Unit 29)

Modelo: —¿Ud. fuma?   <u>Le pregunta si fuma.</u>

                —Un cigarrillo, por favor.   <u>Le pide un cigarrillo.</u>

Explique la acción que se hace en los siguientes casos. Observe cada modelo.

A. 1.   —Déme la información.   _____

    2.   —¿Dónde está la biblioteca?   _____

    3.   —¿Aceptan tarjetas de crédito?   _____

    4.   —Mozo, la cuenta.   _____

    5.   —El menú, por favor.   _____

    6.   —¿La especialidad de la casa?   _____

    7.   —Por favor, traiga dos.   _____

    8.   —¿Cuántos hay?   _____

    9.   —Déme 5 dólares.   _____

   10.   —¿Tiene dinero?   _____

   11.   — Quiero una cita para mañana.   _____

   12.   —¿En qué piso está el consultorio?   _____

   13.   —¿Tiene teléfono?   _____

   14.   —Déme su número de teléfono.   _____

   15.   —¿A dónde va?   _____

   16.   —Déme su dirección.   _____

   17.   —¿A qué hora empieza la función?   _____

   18.   —Dos entradas para la función de
         las ocho.   _____

   19.   —Mándeme un taxi.   _____

   20.   —¿Cuánto cuesta el viaje?   _____

36

Llene los espacios en blanco con la forma correcta de **pedir** o **preguntar**, según convenga.

B. 1. Yo _____ en el restaurante si aceptaban tarjetas de crédito.

2. Después de comer, yo _____ la cuenta.

3. Yo _____ la información que quería, pero no _____ que cuánto costaba.

4. Ramona me _____ si había leído ese libro.

5. María les _____ un favor a sus vecinos anoche.

6. Yo le _____ a María que qué favor les _____ a sus vecinos.

7. Ella me dijo que les _____ un limón porque no tenía y lo necesitaba.

8. ¿A quién le _____ lo que no sabía?

9. José, _____ las cosas que necesite.

10. No le _____ eso a la Sra, Martínez porque va a _____ que lo repasemos otra vez.

C. 1. Voy a _____ le a Margarita si viene a la fiesta.

2. Voy a _____ le a Margarita que venga a mi casa.

3. ¿No lo halló? - ¿Por qué no le _____ a Jaime si sabe dónde está?

4. _____ le que de dónde es.

5. Yo le _____ más dinero a mi jefe, pero no quiso dármelo.

6. _____ le si vamos a tener otra reunión.

7. No le (nosotros) _____ a María que cocine más.

8. _____ le al Sr. Fernández si puede pasar por mi oficina.

9. _____ le si quiere hablar conmigo.

10. _____ les que cuándo van a reunirse.

11. Yo _____ por usted porque usted no estaba en la fiesta.

12. ¿Quién _____ este libro?

13. Vamos a _____ le que nos diga la fecha.

14. _____ le que dónde es la recepción.

15. Nosotros le _____ si había visto esa película.

D. 1. Ella me _____ que cómo me llamaba y también me
_____ mi identificación.

2. A mí no me gusta _____ le a una persona la edad que tiene ni
tampoco _____ le si es casada o soltera.

3. El lunes, José me _____ un favor y después me _____ si
podía hacerle el favor que me había _____.

4. Ayer, cuando mi hijo me _____ dinero, yo le dije que por qué no
me _____ si tenía, antes de _____ melo.

5. El Sr. Molina siempre _____ una taza de café a las 9:00 de la
mañana. El Sr. Molina hoy no vino a trabajar, y la empleada del
restaurante me _____ que por qué el Sr. Molina no había
_____ su taza de café si ya eran las 10:00 de la mañana.

6. Sr. White, si Ud. quiere pagar la cuenta, tiene que _____ le al
mozo que se la traiga.

7. Para saber hay que _____ ,y para tener hay que _____

8. ¡Qué coincidencia! Acabo de _____ le a José por Ud., y él me dijo
que no lo había visto.

9. Sr. profesor, por favor, no me _____ nada de la lección porque
no la he estudiado.

10. No me _____ dinero porque no tengo.

24. "SALIR" "DEJAR" "IRSE"

Programmatic (Unit 29)

Modelo: Ayer, como _____ el carro donde el mecánico _____de la oficina un poco temprano, y _____ a casa en el Metro.

Ayer, como <u>había dejado</u> el carro donde el mecánico <u>salí</u> de la oficina un poco temprano, y <u>me fui</u> a casa en el Metro.

Llene los espacios en blanco con la forma correcta de **salir, dejar** o **irse**, según convenga.

A.   Ayer, Jones _____ a Uruguay con su familia. Ellos _____ de Nueva York a las 8:00 de la noche. _____ al hijo mayor aquí estudiando en la universidad.

B.   Ayer tarde, cuando nosotros _____ de la oficina, _____ a tomar un trago. _____ el carro mal estacionado, parece ser, porque cuando _____ del bar no lo encontramos. Alguien nos dijo que la policía se lo había llevado.

C.   Eugenio vino muy joven a este país. Su plan era trabajar mucho y ahorrar, para después _____ a su patria como hombre acomodado. Por eso, no _____ con nadie ni gastaba más que lo indispensable.
¿Qué le pasó? Que un día se enfermó, se murió y ... _____ todos sus ahorros en este mundo y no los disfrutó.

D.   ¿Dónde está Catalina?
No sé, _____ sin decir nada.
¿No _____ una nota?
¡Ah! Sí, aquí está sobre la mesa y dice: "_____ mi trabajo termi- nado en la gaveta".

25. "PREOCUPAR"

Programmatic (Unit 30)

Modelo: **Las noticias de ayer fueron malas.**

        Juan <u>se preocupa</u> por las malas noticias.
        Juan <u>está preocupado</u> por las malas noticias.
        A Juan <u>le preocupan</u> las malas noticias.

Conteste usando las tres variaciones que se dan del verbo **preocupar.**

A. 1. El hijo de la señora Jaramillo sacó malas notas.
      La señora Jaramillo_____

      _____

      _____

    2. El mal tiempo destruyó las cosechas del oeste del país.
      El gobierno_____

      _____

      _____

    3. En la década de los 60 la tasa de criminalidad era alta.
      Los ciudadanos_____

      _____

      _____

    4. La ola de terrorismo ha aumentado en los últimos años.
      Nosotros_____

      _____

      _____

5. Su novia le dijo que no estaba lista para casarse.

Luis_____

_____

_____

Modelo: *María está preocupada porque su jefe le dijo que no estaba*
           trabajando bien.

¿Qué le preocupa a María?

Le preocupa <u>lo que</u> su jefe le dijo.   o   Le preocupa <u>lo de</u> su trabajo.

¿Por qué está preocupada María?

Está preocupada <u>por lo que</u> su   o   Está preocupada <u>por lo de</u>
jefe le dijo.   su trabajo.

Conteste las siguientes preguntas usando todas las posibilidades.

B. 1. *El entrenador les dijo a las chicas que no podían participar en el campeonato.*
   ¿Qué les preocupa a las chicas?

   _____

   _____

   ¿Por qué están preocupadas las chicas?

   _____

   _____

2. *El profesor le ha dicho a la Sra. Martínez que no cree que su hijo pueda gra-*
   duarse este año porque no toma en serio sus estudios.
   ¿Qué le preocupa a la señora Martínez?

   _____

   _____

   ¿Por qué está preocupada la señora Martínez?

   _____

   _____

3. *El gobierno dijo que iba a congelar los salarios.*
    ¿Qué le preocupa a la gente?

    _____

    _____

    ¿Por qué está preocupada la gente?

    _____

    _____

4. *Dicen que el desempleo va a aumentar, y eso nos preocupa.*
    ¿Qué les preocupa a ustedes?

    _____

    _____

    ¿Por qué están preocupados /as ustedes?

    _____

    _____

26. PRETERITE VS. IMPERFECT

Programmatic (Unit 30)

Llene los espacios con la forma correspondiente del verbo dado entre paréntesis.

A.   Cuando yo (1. ser)_____ niño, (2. ir) _____ a la escuela
todos los días a las 8:00 de la mañana y (3. quedarse) _____ allí hasta las
3:00 de la tarde. Mientras (4. estar) _____ en la escuela (5. aprender)
_____muchas cosas y no (6. molestar) _____ tanto a mis profesores
como ahora.

        Por la tarde cuando (7. llegar) _____ a mi casa, (8. poner)
_____mis libros sobre la mesa y (9. salir)_____ a jugar con mis
amigos. A las 5:00 mi mamá me (10. llamar) _____ y me (11. dar)
_____ la comida. Después de comer (12. tener) _____que hacer
mis tareas y estudiar mis lecciones. En ese tiempo no (13. haber) _____
TV. A las 9:00 (14. acostarse) _____, y como (15. estar) _____
muy cansado, (16. dormirse) _____ enseguida.

B.   Ayer yo (1. levantarme)_____a las 7:00. En seguida
(2. bañarme)_____, (3. peinarme)_____, (4. afeitarme)
_____ y (5. vestirme) _____. No (6. tener) _____
tiempo para tomar el desayuno en casa. Cuando (7. llegar) _____ a la
escuela, (8. decidir) _____ tomar una taza de café con mis compañeros.
Después, todos (9. ir) _____ a la clase donde (10. quedarnos) _____
hasta la 1:00. Ayer, como todos los lunes, no (11. ser)_____ un día muy
bueno para nosotros.

C.   Un día, cuando yo (1. ir) _____ a mi casa por la tarde en mi coche,
(2. ver)_____ a un amigo mío en la calle. (3. llover) _____ y él
no (4. llevar) _____ paraguas. Por eso (5. bajar) _____ la
ventanilla y le (6. preguntar) _____ si (7. querer) _____
acompañarme. Él me (8. dar) _____ las gracias y (9. subir) _____

43

al carro; como (10. estar) _____ mojado, lo (11. llevar)_____ a su casa lo más rápidamente que (12. poder) _____. Cuando (13. llegar) _____ a su casa, su esposa me (14. invitar) _____ a tomar algo con ellos, pero como mi esposa me (15. esperar) _____ en casa, yo (16. tener) _____ que decirle que me (17. ser)_____ imposible aceptarle la invitación ese día. Ella me (18. decir) _____ que (19. ir) _____ a invitarnos a mi esposa y a mí otro día.

D.   El viernes pasado, uno de mis buenos estudiantes me (1. llamar)_____ por teléfono para decirme que se le había olvidado el paraguas en la sala de clase. Él (2. querer) _____ saber si yo (3. poder)_____ llevarlo a mi casa y devolvérselo el lunes. Yo le (4. decir) _____ que sí. Pero hoy lunes, como (5. levantarme) _____ tarde, (6. salir) _____ muy de prisa y (7. dejar)_____ el paraguas en casa.

27. MORE ABOUT PRETERITE AND IMPERFECT

Special cases:

A. Various verbs such as, **creer, saber, pensar, tener, poder, deber, sentirse, necesitar** are generally used in the imperfect tense. These verbs in most situations suggest a condition or a state of mind that already existed at the time in question rather than something that took place or began to happen at a particular point in time.

B. Notice the following differences in the English translation:
   saber - No sabía eso antes; lo supe anoche. (knew; found out)
   conocer - Yo no conocía a su tía; la conocí anoche en la reunión. (knew; met)
   querer - Ayer quería ir al cine e invité a mi esposa, pero no quiso ir. (wanted ; refused [negative])
   haber - Había mucha gente en la fiesta. (There was / were present)
         - Hubo un terremoto ayer. (There was / were = these occurred)

C. Some verbs are used only in the imperfect when indicating past time.
   ser - in telling time - Era la una cuando llegué.
   acabar de - Acababa de llegar cuando entró María.
   decir - for anything printed or written - El telegrama decía eso.

D. **estar** - estuve when duration of time stated; otherwise, estaba

Ahora complete cada frase según el caso.

A. 1. Fuimos muy temprano y cuando llegamos no _____ (haber) nadie.
    2. Anoche salimos muy tarde. _____(ser) casi las 11:00 de la noche.
    3. _____(haber) elecciones en ese país hace mucho tiempo.
    4. Yo no la llamé anoche porque _____(ser) muy tarde.
    5. No lo compré porque _____(ser) muy caro.
    6. Lo compré porque _____(querer) uno así.
    7. Él no tomó ese avión porque _____(tener) un horario que no le _____(convenir) .
    8. ¿Quién _____(ser) la señorita que usted saludó?
    9. ¿Quién cerró la ventana que _____(estar) abierta?
    10. No aceptamos la invitación de José porque _____(coincidir) con nuestro aniversario.

11. Ellas no alquilaron la casa porque _____ (ser) demasiado grande.

12. Nosotros _____ (estar) por 4 años.

13. Tomé un taxi porque _____ (tener) prisa.

14. No nos entendimos porque ella sólo _____ (hablar) turco.

15. No respondí porque no _____ (saber) la respuesta correcta.

16. ¿Cuándo _____ (saber) Pablo lo de su amigo?

17. Cuando fui a España no _____ (conocer) a nadie.

18. El año pasado _____ (conocer) a un joven español muy simpático.

B. Ayer por la tarde, Ricardo _____ (1. ir) a la taquilla a comprar unas entradas para el concierto de esta noche. Ya no _____ (2. haber) más entradas para platea y palco. Él _____ (3. querer) conseguir 2 asientos juntos adelante. La señorita de la taquilla le _____ (4. decir) que _____ (5. haber) 2 en la quinta fila. Él _____ (6. preguntar) si de ahí se _____ (7. ver) bien. Ella le _____ (8. responder) que _____ (9. ser) buenos asientos. Cada entrada _____ (10. costar) 800.00 pesos.

C. El año pasado nosotros _____ (1. ir) a Punta del Este. _____ (2. ser) un viaje muy interesante. Yo no _____ (3. saber) que esa ciudad _____ (4. ser) tan pintoresca.

El hotel donde _____ (5. quedarse), _____ (6. tener) piscina, y el mar _____ (7. estar) a tres cuadras. _____ (8. llegar) a las 10:00 a.m., _____ (9. subir) a nuestro cuarto _____ (10. quitarse) la ropa de la ciudad y _____ (11. ponerse) la ropa de baño. Después, _____ (12. bajar) a la playa y _____ (13. alquilar) unas sillas.

Todos los días _____ (14. levantarse) temprano y _____ (15. irse) a la playa después de desayunar. Allí _____ (16. nadar) y _____ (17. asolearse). _____ (18. haber) muchos vendedores de refrescos y otras cosas.

Un día, uno de mis amigos _____ (19. quedarse) mucho rato al sol y _____ (20. quemarse) muchísimo la espalda. _____ (21. tener) que regresar a Montevideo porque _____ (22. sentirse) muy mal.

28. "DEBIERA HABER + (ado-ido)" VS. "PODRIA HABER + (ado-ido)"

Programmatic (Unit 30)

Modelo:

> Anoche, Antonio quería ir a patinar en el hielo, pero no fue. Al llegar a la la escuela, se dio cuenta de que la clase había sido cancelada.

Anoche, Antonio podría haber ido a patinar, ya que no tenía clase.

Diga lo que podrían haber hecho o debieran haber hecho las personas de la historia, según las circunstancias.

1. **Las aventuras de Antonio**

> Como había nevado un poco, Antonio decidió no ir a trabajar ese día, y no llamó a la oficina para informarle a su jefe. Al día siguiente su jefe le llamó la atención.

_____

_____

2.

> Aunque los caminos estaban resbalosos, Antonio se fue de caza, con tan mala suerte que tuvo un accidente.

_____

_____

3.

Los amigos de Antonio, al enterarse de lo ocurrido, se rieron mucho de él.
Antonio se enfadó con ellos.

_____

_____

4.   Aventuras de viajeros

Ud. y su familia hicieron un viaje a esta ciudad sin haber hecho reservaciones
en un hotel a sabiendas que era la temporada de turismo. Como era de
esperar, no tenían dónde hospedarse.

_____

_____

5.

Mientras esperaba y pensando qué hacer, descuidó su equipaje, y perdió una
maleta.

_____

_____

6.

Con el problema del alojamiento, usted no llamó a la policía y no recuperó su
maleta.

_____

_____

29. PRETERITE OF IRREGULAR VERBS (REVIEW)
Programmatic (Unit 30)

Escriba al lado de cada frase el pretérito del verbo entre paréntesis.

A. 1. Él (decir) que iba a llegar tarde. _____

2. Sí, yo (oir) muy bien lo que decía, pero no (querer) contestarle. _____

_____

3. No me (caber) toda la ropa en la maleta. _____

4. Ella (tener) que repetir las frases. _____

5. Carmen (traer) las herramientas en un dos por tres. _____

6. Él no (dormirse) hasta las seis de la mañana. _____

7. Nosotros nunca (saber) la verdad. _____

8. El lunes pasado nosotros (ir) de viaje a Huancayo. _____

9. En ese momento yo (entender) la situación. _____

10. Ellos (ponerse) las botas. _____

11. Ya yo le (pedir) la cuenta al mozo. _____

12. Carlos no (traer) su carro esta mañana. _____

13. El doctor no nos (decir) la verdad. _____

14. La sirvienta no (poner) bastante jabón en el baño. _____

15. Yo no (poder) conseguir toallas limpias. _____

16. Usted (venir) a mi casa después de la función. ¿Verdad? _____

17. Usted no (hacer) nada en la oficina ayer . _____

18. Nosotros (estar) muy satisfechos con la comida. _____

19. Carlos y Rosa (servir) whiskey en la fiesta. _____

20. Ellos (pedir) los libros a la biblioteca. _____

21. Mi hermana (vestirse) de azul para la fiesta. _____

22. (haber) muchos huéspedes en el hotel el mes pasado. _____

23. Las visitas (irse) a las diez. _____

24. Todos los estudiantes (traducir) la lección. _____

Escriba en el espacio en blanco el pretérito del verbo que aparece a la derecha.

B. 1. Yo _____ los ejercicios muchas veces ayer, pero él los _____
    sólo una vez. (repetir)

2. Anoche ellos _____ una rica sopa. La semana pasada yo _____
    consomé. (servir)

3. Ayer yo _____ poco, pero ella _____ mucho. (dormir)

4. Esta mañana ellos _____ café, y él y yo _____ leche.
    (pedir)

5. Después, nosotros _____ estudiando, y ellos _____
    cantando. (seguir)

6. Ayer ellos _____ las frases, y nosotros no _____ nada.
    (repetir)

7. En la comida de anoche, Juan _____ el vino y nosotros _____
    el té. (servir)

8. Anoche los enfermos _____ ocho horas, y nosotros sólo _____
    tres. (dormir)

9. Ayer primero yo _____ a José y, él me _____ a mí
    después. (seguir)

10. Anteayer ella _____ la información sobre el préstamo, y ayer, yo
    _____ las planillas para hacer la solicitud. (pedir)

30. INDIRECT DISCOURSE IN THE PAST

Programmatic (Unit 30)

Modelo: Usted: ¿Usted fuma?
            Luis: No, ya no. El médico me lo prohibió.

            Usted: Le pregunté a Luis si fumaba, y me dijo que ya no fumaba
                    porque el médico se lo había prohibido.

Observe el modelo, y después complete lo siguiente:

1. Luis: *Yo no uso tarjetas de crédito, siempre pago al contado.*
    Usted: Yo creía que Luis_____
    _____

2. Luis: *María me ha dicho que no va a continuar haciendo eso.*
    Usted: Luis me comentó que María_____
    _____

3. Usted: *Luis, cuando yo era joven, no existían tarjetas de crédito.*
    Usted: Le expliqué a Luis que cuando yo_____
    _____

4. Luis: *He hecho cola por dos horas para comprar las entradas.*
    Usted: No sabía que Luis_____
    _____

5. Luis: *¿Está haciendo los preparativos para la fiesta de esta noche?*
    Usted: Luis me preguntó si_____
    _____

6. **Luis:** *Hice dos entrevistas esta mañana.*

   Usted: Yo creía que Luis no_____ninguna
   entrevista.

7. **Luis:** *Nunca había entrevistado para este puesto a una aspirante tan
   inteligente como ella.*

   Usted: Luis me comentó que nunca_____

   _____

8. **Luis:** *¡La fiesta es hoy! Se me había olvidado.*

   Usted: Luis no se acordaba que_____

   _____

9. **Luis:** *¿Usted puede ayudarme con esto ahora?*

   Usted: *Lo siento, tengo que salir.*

   Usted: Luis me preguntó si_____

   y yo le contesté que_____

   _____

10. **Luis:** *Ayer hubo un terremoto en Perú, ahora hay mucha gente sin vivienda.*

    Usted: Luis me contó que_____

    _____

    _____

31. "HABER"

Programmatic (Unit 30)

hay	there is / there are
hubo / había	there was / there were
ha habido	there has / have been
había habido	there had been
va a haber	there is going to be
haya	(present subjunctive)

Modelo: En el Perú <u>hay</u> muchos lugares interesantes. También es un lugar donde <u>hay</u> terremotos. <u>Ha habido</u> varios terremotos fuertes en el Perú.

Complete cada espacio con la forma de **haber** que usted considere más apropiada.

A.   Anoche 1_____ una fiesta en el parque. 2_____
mucha gente y mucha animación. Esa fiesta la organizó la Comunidad Hispana.

En la fiesta 3_____ puestos de comidas típicas, 4_____
gente vestida al uso de su tierra y también 5_____ plataformas para
la actuación de los grupos musicales.

Hasta ahora 6_____ tres fiestas. Nunca 7_____
_____tantas fiestas.

¿Va a 8_____ más fiestas este año? No sé, pero es posible
que 9_____ una más antes de terminar el verano. Siempre
10_____ alguien con entusiasmo para fiesta.

¡Estupendo! Espero que 11_____ muchas más.

B.   En EE.UU., el presidente toma posesión de su cargo en el mes de enero.
Siempre 1_____ un desfile y, por lo general, también 2_____
muchos actos conmemorativos y un baile de gala, pero en 1985 no 3_____
desfile debido al mal tiempo aunque 4_____uno programado.

32. THE COMPARATIVES "TAN ... COMO", "TANTO ... COMO" AND "TAN" "TANTO"

Programmatic (Unit 31)

Modelo: ¡Qué chica tan alta!   ¡Ella pagó tanto!

               Ella es tan alta como usted.   Ella compró tantas cosas
                                                  como yo.

Complete usando **tan, tanto, tan ... como, tanto ... como.**

A. 1. a) Esta lección es _____ difícil que no termino de entenderla.

        b) ¿_____ difícil? - ¡Para mí es _____ fácil!

        a) Yo no soy _____ inteligente _____ usted.

   2. a) ¡Qué carro _____ bonito!

        b) ¿Bonito? No es _____ bonito. Es más caro que bonito.

        a) ¿Es _____ caro _____ un Mercedes?

        b) No, no es _____ car).

   3. a) ¿Usted trabaja _____ horas _____ yo?

        b) Sí, trabajo _____ _____ usted, pero no gano _____
           dinero _____ usted porque mi trabajo no es _____
           importante _____ el suyo.

   4. a) Ella no tiene _____ amigos _____ su hermana.

        b) No tiene _____ gracia.

        a) Sí, pero su hermana no tiene _____ éxito profesional ni _____
           posibilidades de buenos trabajos_____ ella .

Modelo: *"Los pueblos no son _____ grandes _____ las ciudades. No tienen _____
           habitantes, pero hay pueblos _____ interesantes que vale la pena
           visitarlos".*

           *"Los pueblos no son <u>tan</u> grandes <u>como</u> las ciudades. No tienen <u>tantos</u>
           habitantes, pero hay pueblos <u>tan</u> interesantes que vale la pena
           visitarlos".*

Llene los espacios en blanco con la forma más apropiada de **tan** o **tanto** y **como**.
Tenga en cuenta el género (masculino-femenino) y el número (singular o plural).

B. 1. Octubre tiene _____ días _____ diciembre, pero en octubre no hace
        _____ frío.
    2. Washington no es _____ grande _____ Nueva York y no tiene
        _____ tráfico.
    3. ¿Usted tiene _____ interés _____ yo en ir a ver esa película?
    4. Usted me habló _____ de esa película y me dijo que era _____
        interesante, que ahora tengo mucho interés en verla.
    5. La fiesta está _____ animada que no quiero irme, pero ¡es _____
        tarde!
    6. En esta ciudad no hay _____ restaurantes, y los que hay no son _____
        buenos _____ los de su ciudad.
    7. ¡Qué novela _____ interesante! Tiene _____ personajes _____
        capítulos.
    8. Él habla perfectamente los dos idiomas, se expresa muy bien, _____ en
        inglés _____ en español.

33. PRESENT TENSE AND THE IMPERATIVE
Programmatic (Unit 31)

Modelo: (comer) (nosotros) ¿_____ ahora? –Sí, _____ ahora.

¿ <u>Comemos</u> ahora? –Sí, <u>comamos</u> ahora.

o

(traer) (yo) ¿Le _____ un té? –Sí, _____ con limón.

¿Le <u>traigo</u> un té? –Sí, <u>tráigamelo</u> con limón.

Llene cada espacio con la forma apropiada del verbo dado. Siga el modelo.

A. 1. (poner) (yo) ¿Dónde _____ las flores? – _____ en la mesa.

2. (hacer) (yo) ¿Qué _____ ahora? – _____ los trámites.

3. (traer) (yo) ¿Cuántos _____ ? – _____ uno para cada uno.

4. (venir) (yo) ¿A qué hora _____ ? – No _____ antes de las 9:00.

5. (decir) (yo)¿Qué le _____ ? – _____ que estamos de acuerdo.

6. (oir) (yo) ¿A quién _____ ? – _____ a mí.

7. (tener) (yo) La cena, ¿para cuándo la _____ lista? – _____
lista para las 8:00 pm.

B. 1. a) (nosotros)¿ _____ ahora? (ir)

b) No. _____ después.

2. a) Por favor, _____ usted esto. (explicar) (a ellos)

b) ¿ _____ en español?

3. a) (nosotros)¿ _____ a la terraza? (subir)

b) Sí, pero _____ en el ascensor.

4. a) (yo) ¿Para cuántas personas _____ la mesa? (reservar)

b) _____ para ocho personas.

5. a) María, por favor, _____ 20 estampillas. (comprar) (a mí)

    b) ¿ _____ de 10 ó de 20 centavos?

6. a) (yo) ¿Cuántos cubiertos _____ en la mesa? (poner)

    b) _____ para ocho personas.

7. a) ¿Cómo voy hasta el museo?

    b) _____ el autobús. (tomar)

    a) ¿Dónde lo _____ ?

    b) _____ en la esquina.

8. a) Juan, por favor, _____ el proyecto. (explicar) (a ellos)

    b) ¿A quiénes _____ ?

    a) _____ a los consejeros.

    b) ¿Cuándo _____ ? ¿Ahora?

    a) Sí, _____ ahora, por favor.

9. a) ¿Quién _____ la cuenta? (pagar)

    b) _____ entre todos.

10. a) (yo) ¿Cuáles frases _____ ? (traducir)

    b) _____ las de la primera página.

11. a) (nosotros) ¿A qué hora _____ ? (terminar)

    b) _____ a las cuatro.

12. a) (nosotros) ¿A qué hora _____ ? (salir)

    b) _____ a las 8:00.

13. a) (yo) ¿A quién se lo _____ ? (decir)

    b) _____ a nosotros.

14. a) (nosotros) ¿A qué hora _____ ? (volver)

    b) _____ después del almuerzo.

34. VOCABULARY

Programmatic (Unit 30)

Algo de todos los **días** es **diario** u ocurre **diariamente.**

Modelo: <u>diario</u>   día   <u>diariamente</u>

Cambie la palabra indicada en la forma que corresponda a **diario** y a **diariamente.**

A. 1. _____ semana _____
   2. _____ quincena _____
   3. _____ mes _____
   4. _____ trimestre _____
   5. _____ semestre _____
   6. _____ año _____

Si hablamos de algo referente al **Estado** se dice que es **estatal.**

B. 1. a una nación _____
   2. a un departamento _____
   3. a un municipio _____
   4. al gobierno _____
   5. al continente _____
   6. al mundo _____

Modelo: correcto   <u>in</u>correcto

peinado   <u>des</u>peinado

C. 1. feliz _____

2. ilusionado _____

3. decente _____

4. definido _____

5. experto _____

6. conocido _____

7. contento _____

8. hábil _____

9. afortunado _____

10. hacer _____

11. humano _____

12. útil _____

Modelo: papel   papelito

D. 1. hermano _____

2. naranja _____

3. chica _____

4. cuentos _____

5. corazón _____

6. máquina _____

7. juegos _____

8. problema _____

35. "BUEN" VS. "BIEN"

Modelo:
Él es un _____ comerciante. Sabe vender _____.

Él es un _buen_ comerciante. Sabe vender _bien_ .

Complete los espacios en blanco usando **buen (bueno)** o **bien**, según el caso. Tenga en cuenta la concordancia (género y número).

A. 1. Allí se come _____ porque es un _____ restaurante.
   2. Es un _____ guitarrista. Toca _____ la guitarra.
   3. Juega _____ porque es un _____ jugador.
   4. El carro es muy _____. Anda muy _____.
   5. Sus cuadros son muy _____. El es un _____ pintor.
   6. Él negocia muy _____ porque es un _____ diplomático.
   7. El Sr. Martínez es un _____ jefe. Organiza todo muy _____.
   8. Mi reloj no es _____. No funciona _____.
   9. Ella escribe a máquina _____. Ella es una _____ secretaria.
   10. En el teatro quiero _____ asientos para ver _____.

Complete cada frase con **buen** o **bien**, cuide la concordancia.

B. 1. ¡Qué _____ hotel!
   2. ¡Qué _____ habla!
   3. El orfanato es _____.
   4. Él aprende _____.
   5. ¡Qué comida tan _____!
   6. ¡Qué hoteles tan _____!
   7. Son unos sistemas _____.
   8. ¡Qué _____ programa!
   9. Hace _____ tiempo.
   10. Es _____ saber que...
   11. Está _____ que...
   12. Quedó _____ preparado.
   13. Compró _____ equipos.
   14. Una _____ obra.
   15. A _____ hora llegó.

60

A continuación se da una lista de palabras. Forme frases completas con palabras de la lista y **buen** o **bien**, según convenga.

1) comerciante	→ invertir su capital	6) mecánico	→ reparar	
2) diplomático	→ representar a	7) artista	→ actuar	
3) carro	→ funcionar	8) jefe	→ administrar	
4) pintor	→ trabajar	9) clima	→ vivir	
5) empleado	→ hacer su trabajo	10) producto	→ vender	

C. 1. _____

   2. _____

   3. _____

   4. _____

   5. _____

   6. _____

   7. _____

   8. _____

   9. _____

  10. _____

36. THE SUBJUNCTIVE
Programmatic (Unit 31)

Modelo: La profesora quiere que ustedes _____ (estudiar) el subjuntivo.

La profesora quiere que ustedes _estudien_ (estudiar) el subjuntivo.

llegar	marchar	cumplir	discutir	nadar
decidir	hacer	ser	escribir	estar

Complete las frases con un verbo de la lista. Use el más indicado en su forma apropiada. Observe que hay un verbo para cada frase.

A. 1. Ella sólo pide que nosotros _____ puntuales.

2. Yo no quiero que ustedes _____ tarde.

3. El jefe quiere que ellos _____ con su obligación.

4. El Departamento requiere que los funcionarios _____ dos años allí.

5. El capitán ordena que los soldados _____ por horas.

6. La madre prohibe que sus hijos _____ en la mesa.

7. María prefiere que yo _____ ese trabajo.

8. El director no permite que sus empleados _____ nada.

9. Yo no quiero que los niños _____ en las paredes.

10. Las autoridades prohiben que la gente _____ en ese río.

Complete cada frase con un verbo de la lista. Use el más indicado en su forma apropiada.

irse	pagar	saber	ganar	decir	helar
jugar	fijar	comprar	quedarse	nevar	

B. 1. Es posible que él _____ el auto porque le gusta, pero es imposible que lo _____ en efectivo porque no tiene dinero.

2. Es necesario que Ud. _____ la fecha antes del martes.

3. Es probable que ellas _____ a la lotería, pero no es probable que _____ ningún premio.

4. Es mejor que nosotros nos _____ de aquí ahora. No es bueno que nos _____ más tiempo.

5. No es conveniente que él _____ lo que dijo María, es mejor que no se lo _____ .

6. Es malo que _____ , pero es peor que _____ .

desarrollar	resolver	facilitar	invertir	endeudarse	apostar
divertirse	dejar de	haber	cooperar	obtener	

7. Es importante que _____ el préstamo, pero no es necesario que _____ demasiado.

8. Es indispensable que el país _____ su crisis, pero para eso es necesario que todos _____ .

9. Es preciso que la agencia _____ el proyecto, por lo tanto es importante que los bancos _____ el dinero.

10. Es raro que no _____ protestas después de lo que ha ocurrido.

11. Está bien que _____ a los caballos, pero no es bueno que _____ tanto dinero.

12. Es bueno que _____ , pero no está bien que _____ estudiar.

37. THE INDIRECT COMMAND

Programmatic (Unit 31)

Modelo:　　　　—Sr. Martínez, las cartas　　　　—Bueno, <u>que las firme</u>
　　　　　　　　　no están firmadas.　　　　　　　　mi ayudante. Yo no
　　　　　　　　　　　　　　　　　　　　　　　　　puedo ahora.

　　　　tomar　　　　　　sentarse　　　　　entrar　　　　　esperar

Complete la conversación con la orden apropiada a la situación. Use verbos de la
lista.

En la oficina del Sr. Martínez

(habla la secretaria)	(habla el Sr. Martínez)
1)　— Sr. Martínez, es Gloria y dice que ha perdido el autobús y va a llegar tarde.	1)　—Pues, _____ _____un taxi.
2)　— Sr. Martínez, en el vestíbulo hay un señor que quiere hablar con Ud.	2)　— _____
3)　— Sr. Martínez, hay dos personas que quieren hablar con Ud., quieren verlo.	3)　— _____ y _____, ahora estoy ocupado.

subir   poner   llevar   irse   dejar

sufrir   descansarse   venir   ir

(habla la secretaria)

4) —Sr. Martínez, a María le gusta mucho nuestra oficina.

(habla el Sr. Martínez)

4) —_____ su trabajo y_____ a trabajar con nosotros.

5) —Sr. Martínez, José está muy cansado. Necesita unas vacaciones.

5) —Bien, _____ a la playa y _____.

6) —Sr. Martínez, Gloria dice que tiene una cita con el dentista a las 4:00.

6) —Bueno, _____ y que no _____

7) —Sr. Martínez, Gloria dice que tiene la correspondencia lista.

7) —Bueno, _____ las estampillas y _____ _____ al correo.

8) —Sr. Martínez, abajo hay un señor que quiere verlo.

8) —Bueno, _____

38. THE SUBJUNCTIVE

Programmatic (Unit 31)

Modelo: Ojalá que no _____ (llover) mañana.

                Ojalá que no __llueva__ (llover) mañana.

Llene el espacio con la forma correcta del verbo entre paréntesis.

A. 1. Ojalá que ellos _____ (venir) temprano.
    2. Ojalá que nosotros _____ (poder) ir.
    3. Ojalá que ella _____ (tener) suerte.
    4. Ojalá que usted_____ (estar) contento allí.
    5. Ojalá que yo _____ (obtener) una visa.

Modelo: El dijo que iba a darme el dinero. Espero que me lo dé.

Complete la frase según el modelo.

B. 1. Dijo que iba a salir temprano. Espero que_____
    2. Dijeron que iban a comprarme el coche. Espero que_____
    3. Dijo que iba a llamarme hoy. Espero que_____
    4. Dijimos que íbamos a recomendarla. Espera que_____

Complete la frase con **ojalá** o **espero** y la forma apropiada del verbo dado.

C. 1. _____ que María _____(salir) pronto.
    2. Me dijeron que iban a mandarme allí. _____
    3. _____ que la compañía no_____(cancelar) el vuelo.
    4. _____ que _____ (hacer) buen tiempo.
    5. Les dijeron que iban a recibirlos. _____
    6. Le dije que iba visitarlo. _____
    7. _____ que eso no _____ (ser) un problema.
    8. Nos dijo que iba mañana. _____

39. THE SUBJUNCTIVE

Programmatic (Unit 32)

Modelo: Siento mucho que usted no _____ (venir) a la fiesta.

Siento mucho que usted no __venga__ (venir) a la fiesta.

Complete cada frase con un verbo tomado de la lista que se da a continuación. Use dicho verbo en su forma más apropiada para el contexto.

llegar   estar   ser   conocer   tener   decir

A. 1. Me alegro que ustedes _____ la ciudad porque si no no podríamos llegar a tiempo al lugar de la cita.
2. Tengo miedo de que mi doctor me _____ que no debo fumar.
3. Siento mucho que ellos no _____ contentos con la situación.
4. Temo que el coche no _____ tan bueno como creía.
5. Es una lástima que Sandra _____ tan mal carácter.
6. Tememos que ellas _____ demasiado tarde al aeropuerto.

caber   viajar   cometer   volver   ponerse   ocuparse   poder

7. Me alegro que ellos _____ pronto y se _____ de sus propios asuntos.
8. Temo que ella se _____ el mismo vestido que yo tengo puesto.
9. Ellas se alegran de que nosotros _____ en la misma fecha y en el mismo avión que ellas.
10. Temo que ella _____ un disparate por desesperación.
11. Nos alegramos de que ustedes _____ en su carro porque el nuestro es demasiado pequeño para todas.
12. Es una lástima que ese joven no _____ comportarse como debiera.

Modelo: Siento mucho que ella no _____ (venir) a la fiesta ayer.

Siento mucho que ella no _haya venido_ (venir) a la fiesta ayer.

Complete cada frase con un verbo tomado de la lista que se da a continuación. Use dicho verbo en su forma más apropiada para el contexto.

casarse   poder   alcanzar   cometer   saber

B. 1.   ¿Cometió ese error? — Es una lástima que_____
   2.   Temo que Juan no _____ el avión de las nueve. Salió tarde de aquí.
   3.   La boda fue ayer. Me alegro que María _____ con Luis.
   4.   Me alegro que usted _____ defender el caso.
   5.   No oímos nada de eso. Sentimos mucho que no _____ lo que pasó.

pasar   comprar   gustar   firmar   visitar

   6.   Es una lástima que ellas no_____ la casa. Era una ganga.
   7.   ¿La vieron? —Me alegro que _____ la película que les recomendé
   8.   Siento mucho que ella _____ el contrato sin mi consentimiento.
   9.   Nos alegramos que ustedes _____ buenas vacaciones en la playa.
   10.   Nos alegramos que _____ nuestro país el año pasado.

40. THE IMPERSONAL "SE"

Programmatic (Unit 32)

Modelo: ¿Qué se vende en una farmacia?   Se venden medicinas.
Se vende algodón.

Conteste las preguntas según el modelo. Use palabras de la lista que se da a continuación para dar su respuesta.

joyas   ropa blanca   joyas de imitación   revistas
dulces   pescado fresco   herramientas de trabajo   pan
carne   recuerdos   periódicos   libros

A. 1.   ¿Qué se vende en una librería?   _____
2.   ¿Qué se vende en una joyería?   _____
3.   ¿Qué se vende en una carnicería?   _____
4.   ¿Qué se vende en una mercería?   _____
5.   ¿Qué se vende en una lencería?   _____
6.   ¿Qué se compra en una ferretería?   _____
7.   ¿Qué se vende en una confitería?   _____
8.   ¿Qué se encuentra en un bazar?   _____
9.   ¿Qué se vende en una pescadería?   _____
10.   ¿Qué se hace en una panadería?   _____
11.   ¿Qué se consigue en un kiosco?   _____

Da lo mismo decir:
12.   Allí venden periódicos.   que   Allí se venden periódicos.
13.   Hicimos la reunión para   que   Se hizo una reunión para hablar
hablar de eso.   de eso.

Ahora, cambie las frases 14, 15, 16 y 17, según los modelos 12 y 13.
14.   En Colombia hablan español.   _____
15.   Allí pueden encontrar de todo.   _____

16. En EE.UU. fabrican muchos
    tipos de carro.   _____
                                        _____
17. Grabamos las cintas aquí.   _____

Modelo: **They say that.**
                       <u>**Se dice eso.**</u>_____

Traduzca las siguientes ideas al español siguiendo el modelo.

B. 1. Houses for rent.

   _____

   2. Spanish spoken here.

   _____

   3. One can see many beggars on the streets.

   _____

   4. They say that prices will go up.

   _____

   5. A very important document got lost.

   _____

   6. The problem was discussed many times.

   _____

   7. The book was written in English.

   _____

   8. All kind of toys will be sold.

   _____

   9. Nothing important was mentioned.

   _____

70

10. One does not know what will happen.

   _____

11. The documents will be signed tomorrow.

   _____

12. Money was donated to the orphanage.

   _____

13. You do not say that under those circumstances.

   _____

14. The letter was sent yerterday.

   _____

15. The comet could be seen with bare eyes.

   _____

16. They liked the boss a lot.

   _____

17. One congratulates people on their Saint's day.

   _____

18. We don't accept credit cards.

   _____

41. THE FORM "HAY QUE" + THE INFINITIVE

Programmatic (Unit 32)

Modelo: ¿Cuánto hay que _____ (depositar) para llamar por teléfono?

¿Cuánto hay que <u>depositar</u> (depositar) para llamar por teléfono?

Llene los espacios en blanco con un verbo apropiado tomado de la lista que se provee a continuación.

ahorrar	practicar	buscar	apostar	trabajar
poner	obtener	estar	observar	reservar

A. 1. Hay que _____ una visa para ir al extranjero.

2. Hay que _____ una mesa para comer en un buen restaurante.

3. Hay que _____ un idioma para hablarlo bien.

4. Hay que _____ en el plano de la ciudad para encontrar una calle.

5. Hay que _____ para ganar en las carreras.

6. Hay que _____ las leyes de tránsito para evitar accidentes.

7. Hay que _____ muy alerta para manejar bien.

8. Hay que _____ estampillas para mandar una carta.

9. Hay que _____ para poder gastar.

10. Hay que _____ para ganar dinero.

Modelo: Ahora <u>hay que</u> reservar los hoteles con anticipación; hay mucho turismo. Antes, no <u>había que</u> hacer eso. Espero que en Asunción no <u>haya que</u> hacer reservación en los hoteles.

Complete las frases con hay que, había que o haya que.

LA VIDA CAMBIA

B. 1. En los parquímetros _____ depositar 25 centavos por hora. Todo es más caro ahora. Antes, sólo _____

depositar 10 centavos. Ojalá que en unos meses no _____
pagar más por estacionamiento.

2. Antes, _____ escribir página por página. Ahora, con las
máquinas copiadoras sólo _____ apretar un botón y tiene
su trabajo multiplicado. Me alegro que en mi oficina no _____
hacer ese trabajo tan rutinario.

3. Ahora, con las calculadoras, hacer cuentas es muy fácil. No _____
pensar mucho. Antes, _____ calcular todo mentalmente.

4. Ahora, para hablar con el extranjero no _____ llamar a la
operadora, se puede marcar directamente. Antes, _____
hacerlo así. Es probable que en el futuro no _____ usar
los servicios de la operadora sino en casos muy extremos.

42. PREPOSITIONS

—¿**de, a** o **en**? Llene el espacio con la palabra adecuada.

A. 1. Empezaron_____ cantar a las seis.

2. Se olvidaron_____ pagar la cuenta.

3. Me invitó_____ pasar el fín de semana en la playa.

4. Ellos insistieron_____ llevarme.

5. No se acordaron_____ llamarme.

6. Traté_____ comunicarme con ellos, pero no los encontré.

7. Los soldados volvieron_____ disparar sus fusiles.

8. No estoy acostumbrada_____ levantarme tarde.

9. El autobús acaba_____ llegar.

10. Ellas no están interesadas_____ aprender chino.

11. María dice que quiere aprender _____ usar las computadoras.

12. Haga el favor_____ pasar por aquí.

13. Tengo muchas ganas_____ ir al campo.

14. Ella quiere aprender_____ tocar la guitarra.

15. Yo no me acuerdo_____ ella.

16. Tardó mucho_____ llegar.

17. El ejercicio consta_____ 10 preguntas.

18. Se sorprendió_____ vernos en su oficina.

Llene el espacio con la preposición adecuada **de, para, por, en, entre, a o con.**

B. 1. Yo echo mucho_____ menos a mi familia.

2. María dice que va a dejar_____ fumar pronto.

3. Acabo_____ saber que nos mudamos.

4. Ese queso se va a echar_____ perder si no se lo comen ya.

5. Compré este libro_____ mi amiga Josefina.

6. No hay mucha diferencia_____ esos métodos.

7. Vamos a dar una vuelta_____ la ciudad.

8. Tengo que comprar sillas_____ el jardín.

9. Me olvidé_____ llamar a Pepita.

10. Volvió usted_____ cometer el mismo error.

11. Mi jefe no está. El va a volver dentro_____ quince minutos.

12. Está empezando_____ hacer frío.

13. Vamos a tratar_____ repasar todo.

14. Las tres amigas se llevan bien_____ ellas.

15. Ella se lleva mal_____ su suegra.

16. Les doy_____ comer a los perros a las cinco.

17. Estos ejercicios no son difíciles_____ hacer.

18. Estaré lista_____ salir a las siete.

19. Este licor sabe_____ menta.

20. María no está aquí, estará_____ vuelta esta tarde.

21. No me acordé_____ llamar a la agencia.

22. No les permitimos a los niños jugar_____ la calle.

23. Esas verduras se van a echar_____ perder.

24. Él insistió_____ que tomáramos algo.

25. El Sr. Martínez está_____ vacaciones.

43. "OLVIDAR"

Programmatic (Unit 33)

Modelo:

¿Qué olvidó usted?   Olvidé el libro.

¿De qué se olvidó usted?   Me olvidé del libro.

¿Qué se le olvidó a usted?   Se me olvidó el libro.

Complete las frases con la forma más apropiada de **olvidar**. Observe que algunas toman varias respuestas.

A. 1. a) Señorita, ¿escuchó las conversaciones grabadas?

   b) No, porque _____ la cinta.

   2. a) No salga a la calle sin paraguas. Está lloviendo.

   b) ¡Ah! _____ traer mi paraguas.

   3. a) ¿Se le olvidó algo, señor?

   b) Sí, _____ las llaves.

   4. a) Ayer fue el cumpleaños de María.

   b) ¡Qué lástima! A nosotros _____ la fecha.

   5. a) A mí no _____ la fecha, lo que _____ fue su número de teléfono.

   6. a) ¿Pagó usted la cuenta?

   b) No, porque _____ traer las tarjetas de crédito.

   7. a) ¿Qué es lo que más _____ a usted?

   b) A mí _____ los números de teléfono.

   8. a) ¿Qué busca usted Rosita?

   b) Busco mi diario porque _____ donde lo puse.

Como la forma más usada es la de "olvidársele", complete las frases con dicha forma + uno de los infinitivos que se dan a continuación y el pronombre adecuado en caso necesario.

| comprar | preguntar | invitar | escribir | dar |
| poner | sacar | cambiar | apagar | cerrar |

B. 1. La carta no llegó porque a mí _____ _____ el número de la zona.

  2. La policía nos puso una boleta porque a nosotros_____ _____dinero en el parquímetro.

  3. La batería del carro se descargó porque a Luis_____ _____ las luces.

  4. Hoy no podemos comer carne porque a mamá _____ _____ del congelador.

  5. No puedo pagar en pesos porque _____ los dólares.

  6. Me robaron el radio del coche porque_____ la puerta con llave.

  7. María se enojó con nosotras porque _____ a la fiesta.

  8. El jefe se enfadó porque a la secretaria _____ el mensaje.

  9. No tomamos vino con la cena porque a mi esposo_____ _____.

  10. No sé cuál es el número de la Sra. Martínez porque _____ _____.

Ahora, practiquemos otros tiempos con esta misma forma, **olvidársele**, recuerde que **olvidar** es un verbo regular.

C. 1. A veces, a mí _____ apagar la luz de mi casa. No quiero que _____apagarla hoy.

2. Por lo general, a mí no _____ las llaves, pero creo que
    _____ hoy porque no las tengo en la cartera.

3. Ayer llamamos al consultorio del dentista porque a nosotros _____
    _____ la fecha de la cita.

4. Como a los pacientes _____ la fecha de la cita, ahora
    la política de la clínica es llamarlos para recordársela.

5. Me alegro que a mi esposo no _____ nuestro
    aniversario de boda este año.

44. REVIEW
THE USE OF "SE" + THE INDIRECT OBJECT

A mí **se me** cayó el vaso.   A él **se le** cayó el vaso.

A nosotros **se nos** cayó el vaso.   A ellos **se les** cayó el vaso.

Complete cada frase con la forma apropiada del verbo dado y los pronombres correspondientes.

A. 1. rompérsele   Sr., ¡cuidado! pueden _____ las gafas.

2. caérsele   Sr., ¿siempre _____ los libros?

3. quedársele   Anoche, a mí _____ los libros en el auto.

4. olvidársele   A los niños siempre _____ las cosas.

5. perdérsele   A nosotros _____ las maletas en el aeropuerto.

6. caérsele   Ayer, a Carmen _____ todos los platos.

7. fracturársele   A José _____ las piernas en el accidente.

8. quedársele   Cuando eran niños _____ los lápices en la sala de clase.

9. olvidársele   A nadie _____ traer las cosas esta mañana.

10. perdérsele   A mí siempre _____ las llaves.

11. enfriársele   Esta mañana, a Ud._____ el café por no tomárselo rápidamente.

12. descomponérsele   ¿A quién _____ el carro ayer?

13. írsele   A los Ortiz _____ el autobús esta mañana.

14. morírsele   A mi mamá _____ el perro ayer.

15. pasársele   Cuando estamos muy ocupados _____ el tiempo volando.

16. hacérsele   ¡Ya son las diez! Hablando y hablando, a nosotros _____ tarde.

B. 1. Consultando las frases № 3, 4, 5 y 7 del ejercicio A diga <u>qué es una lástima</u>.

_____

_____

_____

_____

_____

2. Según las frases № 1, 10, 11 y 15 diga <u>lo que usted no quiere que pase</u>.

_____

_____

_____

_____

_____

3. Y por último, de acuerdo con las frases № 6, 9, 14 y 16 diga <u>lo que ha pasado</u>.

_____

_____

_____

_____

_____

45. TIME EXPRESSIONS
Programmatic (Unit 33)

Modelo: ¿Cuál <u>día</u> de la <u>semana</u> le gusta más?

El <u>sábado</u> es el día que más me gusta.

¿Qué día es hoy?

Hoy es <u>viernes</u>.

Bien, entonces mañana es <u>sábado</u>, su día favorito.

Nota: Los días de la semana se acompañan del artículo, excepto cuando van precedidos del verbo **ser** .

Formas idiomáticas de mucho uso.

¿Qué día es hoy?	¿En qué año estamos?	¿A cómo estamos hoy?
¿Qué fecha es hoy?	¿En qué siglo estamos?	¿En qué mes estamos?

... es de 1980.	... en 1980.	... en la década de los ochenta
... es del 80.	... en el 80.	... en los años ochenta

Conteste las siguientes preguntas:

1. Si hoy es sábado y es 28 de agosto, ¿qué día y qué fecha fue ayer?

   _____

2. Si hoy es domingo y es 4 de julio, ¿Qué día y qué fecha es pasado mañana?

   _____

3. ¿En qué fecha y en qué siglo se independizó EE.UU.?

   _____

4. ¿En qué fecha se celebra la Navidad?

   _____

5. ¿Cuáles son los meses de verano en Argentina?

   _____

6. ¿Cuáles son los meses de invierno en Washington?

   _____

7. Si estamos en mayo en Washington, ¿en qué estación del año estamos?

   _____

8. ¿Qué fiesta se celebra en EE.UU. el último jueves de noviembre?

_____

9. ¿En qué día de la semana y en qué mes se celebra en EE.UU. el Día del Trabajo?

_____

10. ¿En qué fecha se celebra en los países hispanos el Día de la Raza?

_____

11. ¿En qué año compró usted su carro?

_____

12. ¿De qué año es su carro?

_____

13. ¿En qué año empezó a trabajar con el gobierno de su país?

_____

14. ¿En las vacaciones de qué año viajó usted a ...?

_____

15. ¿Cuál fue la época de apogeo de los Beatles?

_____

46. "DEBER" "DEBE HABER"
"DEBIERA" "DEBIERA HABER"

Programmatic (Unit 33)

Modelo: José debe ir.   (ahora - mañana)
             José debe haber ido. (ayer)

             José debiera ir.
             José debiera haber ido.

Entre el "debe ir" y el "debiera ir" hay una pequeña diferencia. Prácticamente indican lo mismo; pero podríamos decir que "debe" es más una aseveración y "debiera" es más una sugerencia. Dependiendo del tono pueden ser distintos.

Ayer fue el cumpleaños de María. Debiera haberla llamado para felicitarla pero se me olvidó. Hoy debiera llamarla para disculparme. María debe haber pensado que no soy una buena amiga.

Llene los espacios en blanco con la forma apropiada.

A. 1. Estoy llamándolos, pero nadie contesta._____ salido.

2. _____ llamado más temprano. Ahora no hay nadie.

3. Usted_____ dormir más. Se le ve muy cansado.

4. No me hables así. Tú_____ respetarme por mi edad.

5. Ustedes_____ acompañado a María. Ella no conoce la ciudad. Por eso ella se perdió.

6. El tren_____ salido porque no hay nadie.

7. Sus padres_____ sido muy estrictos con ella.

8. Usted_____ llamarla y preguntarle si quiere venir antes de invitarla.

9. Ella está enferma, usted _____ llamarla.

10. Creo que ahora (nosotros)_____ irnos porque es muy tarde.

Forme frases con los verbos siguientes y las formas correctas de **deber**.

| felicitar | pagar | respetar | tener | cumplir |
| corresponder | haber | agradecer | invitar | ser |

B. 1. Mañana es el cumpleaños de Nora. (nosotros)_____la.
   2. Los buenos ciudadanos_____ sus impuestos.
   3. Los jóvenes_____ a sus mayores.
   4. Nosotros_____ lo que prometemos.
   5. Nosotros_____ lo que prometimos.
   6. Usted no_____ si no piensa pagar la cuenta.
   7. Si nos invitan_____ de la misma manera.
   8. Un buen maestro_____ paciencia.
   9. Como buen maestro _____ tenido paciencia.
   10. Un buen estudiante_____constante en sus estudios.

Otros verbos y sus usos: deber, pedir, prestar y devolver.
El verbo "deber" no seguido de infinitivo quiere decir "to owe".
   Debe dinero. Debe favores.
El verbo "pedir prestado" quiere decir "to borrow".
   Juan me <u>pidió</u> un libro prestado.
"prestar" quiere decir "to lend". "devolver" quiere decir "to return something".
   Yo le <u>presté</u> mi carro a Luis. Luis me <u>devolvió</u> el carro ayer.

Complete las frases con el verbo apropiado.

C. 1. Si yo _____ dinero prestado, _____ pagarlo.
   2. ¿Y eso por qué? No _____ ser tan dura con Juan.
   3. Si no tengo carro, puedo _____le a María que me _____ el suyo.
   4. Si María me _____ el carro, _____ devolvérselo pronto.
   5. Juan recibió un préstamo del banco. Ahora _____ dinero, y por lo tanto, _____ pagarlo.
   6. Yo nunca le _____ a Juan ni favores ni dinero.
   7. ¿Usted dice que no _____ favores?
   8. Juan le prestó dinero, por lo tanto, usted _____dinero.
   9. A mucha gente no le gusta _____ sus cosas.
   10. Siempre me gusta_____ lo que me _____.

84

47. MORE ABOUT THE SUBJUNCTIVE
"PEDIR" + SUBJUNCTIVE
Programmatic (Unit 33)

Modelo: a) **Pregúntele a María si quiere venir mañana.**

                b) **Pídale <u>a María que venga mañana</u>.**

La frase (b) es una transformación de la frase (a). En las frases siguientes, termine usted dicha transformación.

1. a) Pregúntele a la Sra. si puede darnos algo.

   b) Pídale _____

2. a) Pregúnteles a ellos si quieren reservar la mesa.

   b) Pídales _____

3. a) Puede pedirle a José que nos preste su carro.

   b) Puede preguntarle _____

4. a) Pregúntele a la profesora si quiere explicarnos eso.

   b) Pídale _____

5. a) Va a preguntarles a ellas si pueden hacer ese trabajo.

   b) Va a pedirles _____

6. a) Pregúntele a la señora si quiere esperar unos minutos.

   b) Pídale _____

7. a) Pídales a los Martínez que le ayuden con eso.

   b) Pregúnteles _____

8. a) María me preguntó si quería preparar la cena.

   b) María me ha pedido _____

9. a) Pregúntele a su esposo si puede acompañarnos.

   b) Pídale _____

10. a) Tenemos que pedirle a la agencia que nos dé la información.

    b) Tenemos que preguntar en la agencia _____

11. a) Ella me preguntó si podía ir.

    b) Ella me ha pedido_____

12. a) El jefe nos preguntó si queríamos colaborar en el proyecto.

    b) El jefe nos ha pedido _____

13. a) Siempre me pide que le explique eso.

    b) Siempre me pregunta _____

14. a) Nos han pedido que sepamos esto para mañana.

    b) Nos han preguntado _____

15. a) Les hemos pedido que acaten las leyes.

    b) Les hemos preguntado_____

48. THE USE OF "TENER + FRIO, CALOR, ETC."
THE EXPRESSION "TENER GANAS DE"
Programmatic (Unit 34)

Modelo: **Tengo sed.** _____

_____

Tengo sed.   Tengo ganas de tomar algo frío .

Complete las ideas con: **tener + frío, calor, miedo, ganas de,etc.**

A. 1.   Hace 24 horas que no como. _____

2.   Anoche la temperatura bajó a 0° C. Nosotros _____

3.   He trabajado 2 años sin descansar. _____

4.   Hay mucho terrorismo en este país. Mis amigos _____

5.   Veo que él bosteza mucho. Es posible que _____

De la lista que se da a continuación, tome las palabras necesarias para completar las siguientes frases. Si es necesario para el sentido de la frase, conjugue el verbo.

tener miedo, etc.	dormir	hambre	protección	abrigarse
ventilador	frío	frazada	empanadas	cama
policía	bar	cerveza	calor	tener ganas de

B. 1.   _____ sueño, necesito_____ ¿Dónde hay

una _____?

2.   _____, quiero comer. ¿Dónde venden _____?

3.   Anoche _____ sed. _____ tomar algo.

Tenía ganas de una_____ ,y por eso fui a un _____.

4.   Hace 30° F. de temperatura, y yo necesito una _____

porque _____ . Necesito _____.

5.   El mes de agosto es muy caluroso. Uno siempre _____ .

¿Dónde hay un _____? – No tengo aire acondicionado en

casa.

6.   Sr., hay un hombre extraño en mi casa, ¿dónde hay un _____?

Necesito _____ porque tengo_____.

49. SIZE, SHAPE, DENSITY
USEFUL VOCABULARY

Programmatic (Unit 34)

grande	alto	pesado	opaco	transparente
pequeño	bajo	liviano	puntiagudo	oscuro
mediano	oval, ovalado	espeso	circular	claro
largo	rectangular	denso	cuadrado	
corto	redondo	cúbico	cilíndrico	

Complete cada frase con la palabra más apropiada al contexto. Algunas palabras pueden repetirse.

1. El piano es el mueble más _____ de la sala.

2. La tierra, el planeta en que vivimos, es _____.

3. Esa historia es demasiado _____. Es interminable.

4. Yo prefiero un carro _____. Es más fácil estacionarlo.

5. La niña ha crecido tanto que los vestidos le quedan _____.

6. La niña ahora es tan _____ como su mamá.

7. Claro que la mamá es _____ de estatura. Sólo mide 5 pies.

8. La plaza de San Pedro en el Vaticano es _____.

9. Me duelen los pies porque estos zapatos son demasiado _____, prefiero las puntas _____.

10. Durante el día, si no hay nubes el cielo está _____.

11. Cuando las nubes son muy _____, el cielo está _____.

12. En el verano usamos ropa _____.

13. El puré de papas tiene que ser _____.

14. En el verano los días son _____ y las noches _____.

15. El agua es un líquido _____.

16. El onix no es una piedra _____ es _____.

17. Los cohetes son _____.

18. Mi carro no es grande ni pequeño, es _____.

19. Los líquidos se miden en metros _____.

20. Mi mesa no es rectangular ni cuadrada es _____.

88

50. MORE ABOUT REFLEXIVE VERBS

Programmatic (Unit 35)

sentarse	sentirse	quedarse	ponerse (triste,etc.)	irse
equivocarse	preocuparse	ausentarse	hacerse (rico, etc)	
figurarse	servirse	fijarse	ponerse de acuerdo	

Tome de la lista el verbo más apropiado para completar la frase. Use la forma correcta del verbo seleccionado.

1. Él no trabaja aquí ahora, _____ temporalmente.
2. Nosotros _____ cerca de la ventana siempre que comemos aquí.
3. Cuando recibió la noticia de su despido, _____ pálida.
4. Me llamó por teléfono, pero _____ de número.
5. ¿Cómo _____ rico en tan poco tiempo?
6. Ella _____ de todo lo que había en la mesa.
7. Como no conocía la ciudad, _____ de calle.
8. Cuando nos vió entrar a su casa tan tarde, _____ que algo pasaba.
9. No _____ que no va a pasar nada.
10. Por fin decidió _____ a trabajar.
11. Por favor, María, no _____ tan pronto _____ un rato más.
12. Acérqueme esa silla. Tengo que _____ . No _____ bien.
13. _____ bien porque este color no es el mismo.
14. Ellos _____ para ir juntos.
15. Cuando recibí la noticia de mi ascenso, _____ muy contento.

51. MORE ABOUT REFLEXIVE VERBS VS. NON-REFLEXIVE VERBS

Programmatic (Unit 35)

Modelo: poner - ponerse

Puse el abrigo en el ropero.

Ayer **me puse** este abrigo.

Complétese con el verbo apropiado.

A. 1. **vestir - vestirse**

Hoy en la mañana, María _____ a su hermanito.

Juanito, que sólo tiene dos años, todavía no _____ solo.

Anoche yo no quise _____ de largo para la fiesta.

2. **detener - detenerse**

La pared _____ a los soldados.

Anoche, los soldados _____ delante de la pared.

Es necesario _____ cuando hay una luz roja.

3. **enfriar - enfriarse**

Ponga la sopa en el refrigerador para que _____.

Se necesita hielo para _____ los refrescos.

4. **echar a perder - echarse a perder**

No sé cómo mi televisor _____.

Te he dicho que no muevas ese alambre porque vas a _____ el televisor.

5. **sentar - sentarse**

Los niños siempre _____ en el suelo.

La mamá _____ al niño en una silla especial.

¡Le digo que _____ ahí!

No me gusta _____ en la hierba.

6. **romper - romperse**

Al volver a casa, vi que los perros _____ varias macetas.

Después del terremoto, vi que algunas macetas _____.

7. **bañar - bañarse**

Es necesario que el papá _____ al niño porque él no puede

_____ solo. Es muy pequeño.

Sé que a ti te gusta _____ en el mar.

8. **despertar (lo, la, etc.) - despertarse**

El sábado pasado, el teléfono _____.

Ayer, yo _____ a las nueve.

B. 1. **llevar - llevarse**

Cuando vaya a Bogotá, voy a _____ muchas cosas para la casa.

Mi esposo quiere _____ un carro exclusivamente para él.

2. **traer - traerse**

Cuando vuelva de Bogotá, pienso _____ muchas cosas bonitas.

Yo quisiera _____ de Bogotá una bonita esmeralda.

3. **tomar - tomarse**

Como he trabajado mucho, mi jefe me sugiere que _____

unas vacaciones.

Si usted está de prisa, es mejor que _____ un taxi.

4. **comer - comerse**

Si te portas mal, no _____ postre.

Pepito_____ todo el pastel.

Ayer el enfermo no _____ nada.

52. "NI ... NI" "NI SIQUIERA"

Modelo   ¿Tiene usted café o té?

<u>No</u> tengo <u>ni</u> café <u>ni</u> té.

¿Qué tiene usted?

No tengo nada. <u>Ni siquiera</u> tengo agua caliente.

Complete las frases con **ni, ni siquiera.**

A. 1.   ¿Va a tomar vacaciones?

No, porque no tengo _____ dinero _____
tiempo.

¿No tiene _____ unos días?

2.   ¿Podemos ir a tomar café y charlar un rato?

Lo siento, no tengo _____ un minuto libre.

3.   ¿Puede prestarme cinco dólares?

¡Qué lástima! Pero no tengo _____ un dólar en mi bolsillo.

4.   ¿Cómo es la nueva profesora? ¿Es alta?

No es _____ alta _____ baja. Es de estatura
mediana.

5.   ¿Qué tiempo hace en otoño en este país?

En otoño no hace _____ frío _____ calor. Hace
un tiempo muy agradable.

6.   ¿Cómo es la casa de Juan? ¿Es grande?

Bueno, no es _____ grande _____ pequeña ; pero
sí es muy cómoda.

7. ¿Su hermano es muy joven?

   No es muy joven _____ muy viejo, es de mediana edad.

8. ¿Su oficina está bien amueblada?

   ¡Que va! No tengo _____ una silla cómoda.

Complete las frases con **ni, ni siquiera, no, nada.**

B. En una ciudad cualquiera había un hombre que (1)_____ era (2)_____
    bajo (3)_____ alto; tenía un negocio que (4)_____ era (5)_____
    grande (6)_____ pequeño.
    Sus empleados (7)_____ trabajaban (8)_____ mucho (9)_____
    poco. Y ellos (10)_____ ganaban (11)_____ lo necesario para
    su sostenimiento; pero les gustaba el trabajo porque (12)_____ tenían
    que hacer (13)_____.
    Un día el hombre les dijo que el trabajo (14)_____ era (15)_____
    difícil (16)_____ fácil y, que creía que ellos podían buscar algo mejor,
    porque iba a cerrar su negocio que (17)_____ era (18) _____
    bueno (19) _____ ventajoso y (20)_____ valía la pena
    (21) _____ continuar con él.

53. THE FUTURE TENSE

Programmatic (Units 35 and 36)

Modelo: **Voy a organizarla .**   **<u>La organizaré</u> .**

Cambie la forma **voy a . . .** a la forma que se usa en el modelo.

A. 1. Voy a comprarlo.   _____

    2. Voy a explicárselo.   _____

    3. Vamos a traducirlo.   _____

    4. Juan va a alquilarlo.   _____

    5. Ellas van a leerlo.   _____

    6. Voy a escribirle la carta.   _____

    7. Vamos a confirmar el vuelo.   _____

    8. Voy a dejar de fumar.   _____

    9. Él va a vender su casa.   _____

  10. Nos vamos a reunir a las 4:00.   _____

  11. Ella va a traer los discos.   _____

  12. Ellas van a decorar el cuarto.   _____

  13. Voy a llevarlos al aeropuerto.   _____

  14. Vamos a quejarnos del mal servicio.   _____

  15. Ellas van a levantarse a las 9:00.   _____

  16. Nos vamos a acostar tarde.   _____

  17. Voy a sentarme en la primera fila.   _____

  18. Creo que voy a sentirme bien.   _____

  19. No vamos a aceptar eso.   _____

  20. Voy a enviar la carta ahora.   _____

Modelo: Hoy no tengo tiempo, pero mañana sí _____ .(tener) —¿Y usted?, ¿ _____ tiempo libre mañana?

Hoy no tengo tiempo, pero mañana sí __tendré__ .(tener) —¿Y usted?, ¿ _tendrá_ tiempo libre mañana?

decir - diré	tener - tendré	valer - valdré	poder - podré
hacer - haré	salir - saldré	venir - vendré	caber - cabré
querer - querré	poner - pondré	haber - habré	

Siguiendo el modelo, llene el espacio con la forma correcta del verbo entre paréntesis.

B. 1. Nosotros no _____ (salir) temprano hoy porque hay mucho trabajo.

2. Yo no _____ (venir) en mi carro mañana porque lo están reparando.

3. María _____ (poner) la mesa para ocho personas.

4. Ese cuadro _____ (valer) mucho dentro de poco, pero a mí no me gusta.

5. Ellas no _____ (poder) venir con nosotros porque si vienen no _____ (caber) todos en el carro.

6. Dicen que _____ (haber) un festival muy bonito en el barrio hispano.

7. No sé si ellos _____ (querer) ir con nosotros.

8. Nosotros _____ (hacer) los preparativos para la cena.

9. No se preocupe que yo no _____ (decirle) nada a nadie.

10. Mis padres _____ (tener) mucho gusto de conocerlos.

54. THE SUBJUNCTIVE (REVIEW)
Programmatic (Unit 31)

Modelo: (salir)   Es necesario que yo_____temprano.

Es necesario que yo_salga_temprano.

Complete la frase con el subjuntivo del verbo que aparece a la izquierda.

A. 1. (volver) Ojalá que él _____ mañana.
2. (estar) Es bueno que ellos _____ aquí.
3. (ir) Es probable que nosotros _____ a Chile.
4. (llegar) Es posible que yo _____ tarde.
5. (estudiar) Es necesario que usted _____ más.
6. (hacer) Quiero que usted _____ los ejercicios.
7. (ser) Les pido que _____ más amables.
8. (venir) Le digo que _____ mañana a las 5:00 p.m.
9. (llamar) Nos aconseja que_____ al jefe mañana.
10. (decir) Les sugiero que _____ algo.
11. (limpiar) Me ordena que _____ mi cuarto.
12. (subir) Nos recomienda que _____ al salón.
13. (tener) Le ruego que _____ paciencia.
14. (poder) Probablemente yo _____ ir mañana.
15. (ver) Tal vez yo _____ a Juan esta noche.
16. (conocer) Quizás usted _____ al jefe mañana.

Complete la frase con el subjuntivo del verbo que se da entre paréntesis.

B. 1. Se lamenta de que él _____ (caerse) tan a menudo.
2. Duda que nosotros _____ (querer) hacerlo.
3. Será necesario que usted _____ (tener) paciencia.
4. Anhelo que Luis _____ (ir) conmigo.
5. Dios quiera que ellos _____ (sentirse) bien mañana.

6. Te ruego que no _____ (volver) a decir eso.

7. Queremos que tú _____ (pedir) lo que _____ (necesitar).

8. Esperamos que el niño _____ (satisfacerse) con tan poco.

9. Te pido que _____ (acercar) la silla.

10. Es una lástima que _____ (morir) tanta gente por falta de comida.

11. Propongámosle que _____ (traer) su auto.

12. No creo que ellos _____ (caber) en el comedor.

13. No hay nada que me _____ (entristecer) tanto como verte enferma.

14. No creo que los estudiantes _____ (estudiar) lo suficiente.

15. No veo nada que _____ (ser) una obra de arte.

16. Dios quiera que ustedes no _____ (oir) tales cosas.

Modelo: venir a mi oficina cuando llegar

Siempre _viene_ a mi oficina cuando llega.

Ayer _vino_ a mi oficina cuando llegó.

Antes _venía_ a mi oficina cuando llegaba .

Mañana vendrá (va a venir) a mi oficina cuando llegue .

Complete las frases usando el infinitivo en su forma apropiada, según el modelo.

A. 1.   él hablar conmigo cuando llegar

Siempre _____

Ayer _____

Antes _____

Mañana _____

2.   él me lo decir cuando entrar

Cada mañana _____

Anoche _____

Antes _____

Mañana _____

3.   almorzar tan pronto como llegar

De costumbre, nosotros _____

Ayer _____

Antes _____

Mañana _____

4.   yo conversar con José cuando lo ver

A veces _____

Ayer _____

Antes _____

Pasado mañana _____

Llene el espacio en blanco con la forma correcta del verbo entre paréntesis.

B. 1. Cuando yo _____ (terminar) mi curso de español, voy a
estar muy contento.

   2. Tan pronto como nosotros _____ (tener) noticias, se lo
comunicaremos.

   3. Después de que yo _____ (leer) este libro, se lo prestaré.

   4. Tan pronto como yo _____ (llegar) a mi casa, empezaré a
preparar la cena.

   5. Cuando yo _____ (saber) la fecha, la llamaré para decírsela.

   6. Después de que nosotros _____ (comprar) la casa, daremos
una fiesta.

   7. Cuando _____ (llegar) mi jefe, voy a pedirle mis
vacaciones.

   8. Tan pronto como María _____ (levantarse), tomaremos el
desayuno.

   9. Después de que los niños _____ (acostarse), pondremos la
televisión.

   10. Cuando ellos _____ (tener) dinero, no querrán vivir aquí.

Modelo: Yo viajo mucho, al llegar a cualquier país, y después de que estoy
instalado, visito los sitios turísticos. Estoy muy contento porque
pronto salgo para España .

Pronto iré a España. Cuando llegue allí, y después de que esté
instalado, visitaré los sitios turísticos.

Según las historias que se dan a continuación, diga lo que usted hará mañana, el
mes próximo, etc. Use **cuando, tan pronto como** o **después de que**.

C. 1. Todos los días cuando llego a la escuela, como a las 8:30, tomo una taza de
café y después de que termina la clase, a eso de las 10:50, voy al laboratorio
para estudiar por una hora.

_____

_____

_____

_____

2. Nunca leo el periódico en casa por la mañana porque salgo muy temprano, y el periódico llega después de que yo salgo; por eso, oigo las noticias por la radio cuando vengo en el carro, y leo el periódico cuando vuelvo a casa. Lo leo tan pronto como termino de cenar.

_____

_____

_____

_____

_____

3. Me gustan mucho los idiomas. Tan pronto como me encuentro en un país donde no se habla inglés, empiezo a usar el idioma de dicho país; es decir, lo practico cada vez que tengo la oportunidad de hacerlo. Ahora estudio español porque voy a [. . .].

_____

_____

_____

_____

_____

56. THE FAMILIAR FORM
Programmatic (Unit 36)

Modelo: **Yo he venido a las 10:00, y tú has venido a las 11:00.**

Complete las frases con la forma apropiada del verbo correspondiente.

1.   ¿Lo _____ tú o lo hago yo?
2.   Yo no compré nada. -¿Tú _____ algo?
3.   Tú _____ (ver) la película que te recomendé.
4.   Yo no sabía que la película era francesa, -¿ lo _____ tú?
5.   A mí me gustó mucho. -¿Y a tí _____ ?
6.   Yo terminé el trabajo muy tarde. ¿ A qué hora _____ tú?
7.   No he leído el periódico hoy. - ¿Tú lo _____ ?
8.   Ese no es el verbo que tú _____ (usar) ayer en la composición.
9.   Yo le pedí un café al mozo. -¿Qué le _____ tú?
10.   Anoche cuando yo te llamé, ¿ya _____ (haber terminado) de cenar?
11.   Nosotros le dijimos que queríamos ir . ¿Qué le _____ tú?
12.   Yo me levanto a las 6:00. - ¿A qué hora _____ tú?
13.   Anoche me acosté muy tarde. ¿ A qué hora _____ tú?
14.   Ellas trajeron cerveza. ¿Qué _____ tú?
15.   Juan, no puedo encontrar la llave. ¿Dónde la _____ (poner)?
16.   Yo prefiero que tú _____ (mandarme) las cartas a mi casa.
17.   Yo no quiero que tú _____ (hacer) eso porque es muy peligroso.
18.   Es bueno que tú _____ (ir) a la playa.
19.   José, ¿por qué no _____ (venir) a vernos ayer? Espero que _____ el próximo fin de semana.
20.   Claro que tú _____ (deber haber ido) la semana pasada.

57. "GUSTARIA" VS. "QUISIERA"
Programmatic (Unit 37)

(Expresiones similares, pero que pueden diferir según el contexto.)
Quisiera implica algo que deseamos hacer. Gustaría es más el placer de hacerlo.

Modelo: (en el teléfono)
a)   Por favor señorita, quisiera hablar con el Sr. Martínez.
b)   Lo siento, el Sr. Martínez no está. ¿Quisiera dejarle un mensaje?
a)   Sí, dígale por favor, que me gustaría invitarlo a cenar esta noche. Soy David Cooper de la Embajada de los Estados Unidos.
b)   Muy bien, se lo diré cuando vuelva y él lo llamará.
a)   Muchas gracias.

Complete las siguientes conversaciones con la forma correcta de quisiera o gustaría, según convenga.

1.   a)   Juan, _____ pedirte un favor.
      b)   Tú dirás.
      a)   _____ conocer a tu prima. ¿Puedes presentármela?
      b)   Sí, con mucho gusto. Estoy seguro que a ella _____ conocerte también.

2.   a)   _____ invitar a María a la fiesta. ¿Sabe usted si a ella _____ ir conmigo?
      b)   Yo creo que sí. Que le _____ su compañía.

3.   a)   ¿_____ ir al cine esta tarde?
      b)   Sí, y _____ ver la película española que ganó el Oscar.
      a)   A mí también, pero hay mucha gente y no _____ hacer cola con tanto frío.

4.   a)   Yo no _____ causarle ninguna molestia con mis preguntas, pero _____ saber cuál es mi posición aquí.
      b)   _____ darle una respuesta ahora , pero no puedo.

58. "ME," "ME LO," "SE LO," ETC.
Programmatic (Unit 37)

Modelo: María, ¿quién _____ _____ esa _____ tan
             bonita?

             María, ¿quién ___te___ _mandó_ esa _tarjeta postal_ tan
             bonita?

tomar   mandar   regalo   tarjeta postal
dar   prestar   documento   tener
devolver   agradecer   discos   firmar

Llene los espacios en blanco con palabras de la lista apropiadas al contexto de la
frase. Siga el modelo.

1.   Ayer fue mi cumpleaños, mis amigos _____ _____ un
      _____ precioso. _____ _____ _____ mucho
      a todos.

2.   Mi hermano va a _____ su carro porque hoy tengo que ir al aero-
      puerto; pero él quiere que yo _____ _____ _____ en
      cuanto esté de regreso.

3.   El abogado _____ _____ los _____ a Carlos
      porque él tiene que _____.

4.   ¿Estas fotos? _____ _____ _____ José a Nora y a mí
      ayer en la fiesta.

5. a) Me gusta mucho la música moderna. ¿Puedes _____ algunos _____
      de esos que tú _____?

   b) Claro que puedo _____. Pero quiero que _____ _____
      _____ para el 30 de este mes porque tengo una fiesta.

   a) ¿Vas a invitarme? Porque si no, no voy a _____ a tiempo.

   b) En ese caso, déjame pensar. Mejor no _____ _____ _____.

   a) No bromees. Primero _____ , después yo _____
      _____ _____ y finalmente... ¡A la fiesta!

59. PRESENT SUBJUNCTIVE, PRESENT AND PAST INDICATIVE
(REVIEW)
Programmatic (Unit 37)

Modelo: **Pablo quiere que ella _____ temprano. (terminar)**

Pablo quiere que ella _termine_ temprano. (terminar)

Complete la frase con la forma apropiada del verbo que aparece entre paréntesis.

A. 1. Quiero que me _____ ese libro. (traer)
   2. Jorge me la _____ ayer. (escribir)
   3. Todos los días Julia me _____ algo. (escribir)
   4. Pero no quiero que ella me _____ tanto. (escribir)
   5. En los veranos, yo _____ para una compañía de seguros. (trabajar)
   6. Me dice que (yo) _____ lo más que pueda. (trabajar)
   7. Yo _____ allí por tres años. (trabajar)
   8. Él salió de vacaciones, y no _____ a Washington sino hasta a fines de agosto. (volver)
   9. Yo no permito que él _____ hasta abril. (volver)
   10. Yo _____ a la ciudad el mes pasado. (volver)
   11. Es probable que Jorge _____ dentro de dos días. (volver)
   12. No dejo que el niño _____ en el comedor. (correr)
   13. Me piden que yo _____ a la conferencia. (asistir)
   14. No sé si él siempre _____ a esas reuniones. (asistir)
   15. El profesor exige que yo _____ a la clase. (asistir)
   16. Yo le _____ el otro día a la profesora. (hablar)
   17. Por favor, no me _____ ahora. (hablar)
   18. No quiero que Jorge _____ español ahora. (hablar)
   19. Jorge no me _____ ayer. (hablar)
   20. En la escuela exigen que yo _____ español todo el día. (hablar)
B. 1. Espero que ellos _____ la construcción del nuevo estadio antes de la época de la lluvia. (terminar)

2. Siento que tú te _____ tan temprano. (irse)
3. Dudo que _____ un buzón por aquí. (haber)
4. Les voy a servir un plato especial. Espero que les _____ .
   (gustar)
5. Dudo que yo _____ acostumbrarme a su horario. (poder)
6. Si ustedes van a Sudamérica, les sugiero que _____ las
   ruinas de Machu-Picchu. (visitar)
7. Ellos insisten en _____ al teatro. (ir)
8. Pablo se empeña en que nosotros _____ a su casa. (ir)
9. Me alegro de que ustedes _____ aquí. (estar)
10. Siento mucho que tú te _____ en casa. (quedarse)
11. Ellos dicen que _____ poco tráfico a estas horas. (haber)
12. Ellos me han pedido que les _____ . (ayudar)
13. Dígales que no _____ tarde. Yo los espero. (llegar)
14. Espero que _____ buen tiempo. (hacer)
15. ¡Fíjate! El profesor insiste en que nosotros _____ todo esto
    listo para mañana. (tener)

60. "CONOCER" VS. "SABER"
Programmatic (Unit 38)

Modelo: Ella no _____ bien a los estudiantes. No _____ sus nombres.

Ella no __conoce__ bien a los estudiantes. No _____ sus nombres.

Complete cada frase con la forma apropiada, bien sea, de **saber** o **conocer**, según el caso.

A. 1. Yo _____ al Sr. Molina, pero no _____ dónde vive.

    2. Ella _____ que yo no voy a decir nada. Me _____ bien.

    3. (Yo) _____ su obra literaria, pero no _____ cuándo se publicó.

    4. Verdaderamente, yo no _____ qué decir sobre eso. No _____ los detalles.

    5. Ellos no _____ qué hacer, si comprarlo o no.

    6. ¿_____ usted la literatura mejicana?

    7. ¿_____ en qué país nació María?

    8. Yo no _____ el camino, pero _____ que está hacia el sur.

    9. Nunca he visitado esa parte del país; no la _____ , pero _____ que es muy bonita.

   10. ¿_____ usted cómo se llama esa señora?

   11. Sí, claro. _____ cómo se llama. La _____ bien.

   12. _____ o no _____ mucho de eso, tiene que tomar el examen.

B. 1. Ayer yo _____ al nuevo director. No _____ que era tan joven.

    2. El gato _____ bien a su ama, _____ que ella es la que le da de comer.

3. Yo no _____ a Margarita, pero _____ a su cuñada.

4. Nosotros _____ al autor, pero no _____ cómo se titula su novela.

5. Como yo era nueva en el barrio, sólo _____ a mis vecinos de vista, no _____ cómo se llamaban.

6. Juan y Ana _____ a todos sus compañeros y _____ dónde vive cada uno de ellos.

7. Anoche en la reunión, nosotros _____ a los Martínez. No _____ que eran nuestros vecinos.

8. Yo _____ que se llama Eloísa, pero no _____ nada de ella.

9. Yo _____ quién es el presidente, pero no lo _____ personalmente.

10. Yo _____ que hay una nueva tienda de ropa en el centro comercial, pero todavía no he ido, no la _____.

C. 1. Yo _____ dónde está el Museo de Oro, pero no lo _____

2. Él todavía no ha _____ a Carmen.

3. La dirección que me dió es la misma que usted _____.

4. Es una lástima que Gustavo no _____ escribir en alemán.

5. Me sorprende que ellos no _____ abrir la reja.

6. Me alegro que el encargado _____ al autor del libro ayer.

7. No _____ nada de él. Acabo de _____.

8. ¿_____ tú a qué hora es la reunión?

9. Yo _____ a Carlos desde que él era niño.

10. Ellos no _____ nada de historia.

11. Es importante que usted _____ quién es. Le aconsejo que lo _____.

12. Ni la _____ ni _____ nada de ella.

61. PRESENT AND PAST SUBJUNCTIVE

Programmatic (Unit 38)

Modelo: Francisco desea que yo lo_____(hacer) como de costumbre.

Francisco desea que yo lo___haga___(hacer) como de costumbre.
Francisco deseaba que yo lo_hiciera_(hacer) como de costumbre.

Cambie el verbo entre paréntesis a su forma apropiada al contexto, y después exprese la idea en el pasado.

1. Sugiero que ella _____ (venir) mañana.

   _____

2. Me dice que _____ (abrir) la boca.

   _____

3. El jefe quiere que ustedes _____ (exponer) esos puntos.

   _____

4. Espero que él me _____ (conceder) hasta mañana para pagarla.

   _____

5. Quiero que tú me _____ (pedir) un churrasco bien jugoso.

   _____

6. No creo que _____ (venir) el autobús.

   _____

7. Siento que nosotros no _____ (poder) enviar los repuestos mañana.

   _____

8. Me alegro que no _____ (haber) ninguna novedad.

   _____

9. Me alegro que el asunto no _____ (ser) tan enredado.

   _____

10. Siento que a usted le _____ (doler) la cabeza y la garganta.

    _____

11. Es ridículo que _____ (suceder) cosas tan graves.

    _____

12. Es importante que nosotros _____ (vender) pronto esas pieles.

    _____

62. THE SUBJUNCTIVE
(REVIEW)
Programmatic (Unit 37)

Modelo: Siento mucho que ellos _____ (salir) del país tan pronto.

Siento mucho que ellos __salgan__ (salir) del país tan pronto.

Complete cada frase con la forma del verbo que convenga.

A. 1. Es mejor que nosotros _____ (pasar) por usted a las 8:00.
   2. Yo no creo que _____ (haber) boletos a la venta.
   3. Ellos temen que la sequía _____ (seguir) por meses.
   4. Es importante que la expedición _____ (volver) completa.
   5. Sugerimos que ustedes _____ (viajar) en tren.
   6. Las autoridades prohiben que el público _____ (meterse) en el campo de juego.
   7. La directora prefiere que usted _____ (responder) en español.
   8. Es importante que nosotros _____ (ver) a la enfermera.
   9. La agencia requiere que los funcionarios _____ (someterse) a un examen.
   10. Yo no quiero que los estudiantes _____ (aburrirse) en clase.
   11. Ella duda que él le _____ (devolver) el dinero que le prestó.
   12. Es imposible que ese traje _____ (valer) tanto dinero.

B. 1. Le sugiero que _____ (acostarse) temprano esta noche.
   2. El Capitán Rodríguez ordena que los soldados _____ (hacer) guardia.
   3. La directiva no permite que los empleados _____ (decidir) nada.
   4. Cuando usted _____ (salir) del cuarto, por favor, apague la luz.
   5. Esperamos que ellas _____ (sentarse) con nosotros en la cena.
   6. No creo que ellas _____ (sentirse) cómodas en estas sillas.
   7. Tan pronto como la muchacha _____ (servir) la comida, vamos a comer.

8. Los García tienen miedo que su hijo _____ (soltar) el perro.

9. Antes de que ellos _____ (venir) a mi casa, voy a arreglarla bien.

10. Señor, usted no puede entrar aquí hasta que no _____ (identificarse).

11. Después de que yo los _____ (llamar), les daré la información.

12. Nosotros deseamos que él _____ (ganar) las elecciones.

Aquí tiene una lista de verbos. Complete las siguientes frases con el verbo más apropiado al contexto, y en su forma correcta.

haber	hacer	saber	estudiar	lavar
tener	quedarse	aprender	ir (se)	
levantarse	llegar	presentarse	tener	

C. 1. No quiero que ustedes se _____ a la clase después de las 9:00 de la mañana.

2. Me gusta _____ español en esta escuela por 20 semanas, pero no me gusta _____ en Washington.

3. Les aconsejo que _____ español antes de ir a Venezuela.

4. Usted duda que _____ alguien que _____ esta lección bien.

5. Espero que José no _____ para su casa.

6. El jefe espera que nos _____ aquí dos horas más.

7. Es posible que José _____ terminado de estudiar su lección.

8. Espero que no _____ mucho calor este verano.

9. Usted sugiere que yo _____ más temprano para que _____ a tiempo a la escuela, ¿verdad?

10. Espero que usted _____ razón porque yo nunca _____ razón.

11. Si ellos quieren lavar el carro, que lo _____.

12. Cuando _____ a Bolivia, viviré en un hotel por unos días.

13. Cuando _____ a Bolivia el año pasado, no _____ español.

14. Dudo que _____ una secretaria en la oficina.

15. Siento mucho que tú te _____ tan temprano.

110

Combine las frases de la derecha con las de la izquierda para formar ideas completas.

D. 1. Como no hay peligro, permito que los niños   a) llueva esta noche.

2. Perdimos el autobús, pero es probable que   b) se rectifiquen y se disculpen.

3. Estoy ocupadísima, prefiero que lo   c) pidamos ayuda.

4. Ellos nos ofendieron, exigimos que   d) sea el mejor de la ciudad.

5. Eso pesa demasiado, es mejor que   e) jueguen ahí.

6. Anuncian tormenta, ojalá que no   f) haya otro más tarde.

7. Está equivocado, no es verdad que ella   g) adelante.

8. Ese hotel no es de lujo, no creo que   h) quiera su dinero.

9. Ese reloj está atrasado, quiero que lo   i) valga la pena.

10. Eso es demasiado caro. No pienso que   j) dejemos para mañana.

¿Cuáles de estas frases no se podrían completar con la expresión "vengan a mi casa" sino con "vienen a mi casa"?

E. 1. Quiero que_____   8. Ojalá que_____

2. Sé que_____   9. Creo que_____

3. Deseamos que_____   10. Dudo que_____

4. Prefieren que_____   11. Es verdad que_____

5. Les prohibo que_____   12. No creo que_____

6. Pregúnteles si _____   13. Dígales que_____

7. Es mejor que_____   14. Dicen que_____

63. PRESENT AND PAST SUBJUNCTIVE, INFINITIVE, PRESENT AND PAST INDICATIVE (REVIEW)

Modelo: Es necesario que él _____ (salir) temprano.

Es necesario que él __salga__ (salir) temprano.

Complete la frase con la forma apropiada del verbo que aparece entre paréntesis.

1. Queremos que ellos _____ (entrar) pronto.
2. Ella no me permitió _____ (escribir) la carta.
3. José siente mucho que yo no _____ (poder) quedarme más tiempo aquí.
4. Me alegro de que ellos _____ (llegar) mañana.
5. José prefiere _____ (estudiar) en el laboratorio.
6. Es una lástima que ella _____ (sufrir) tanto.
7. Voy a decirles que _____ (estar) aquí a las ocho de la mañana.
8. Era posible que Sánchez no lo _____ (saber).
9. Sánchez dijo que el Sr. Jones iría a recibirlos cuando _____ (llegar) a Venezuela.
10. Salieron tan pronto como _____ (recibir) las órdenes.
11. Si él _____ (tener) dinero estudiaría español en otra escuela.
12. Ellos van a venir después de que mi hermano _____ (salir).
13. Tengo un amigo que no _____ (hablar) español muy bien.
14. Espero _____ (llegar) a tiempo.
15. Dijo que se quedaría hasta que _____ (volver) Sánchez.
16. Voy a depositar unos cheques cuando tú _____ (ir) al banco.
17. Yo estaba en Chile cuando José _____ (salir) para Bolivia.
18. María quiere ir a la fiesta con tal que tú la _____ (llevar).
19. Nadie puede _____(entrar) a mi casa sin que yo lo _____ (ver).
20. Busco un apartamento que _____ (tener) una vista bonita.
21. Yo no creía que los oficiales _____ (firmar) el documento.
22. Alicia quería que José la _____ (llevar) al centro.

112

23. Pablo duda que yo _____ (ser) español.

24. Es posible que ellos no _____ (poder) ir mañana.

25. Yo creo que José _____ (ser) colombiano.

26. Quiero una secretaria que _____ (ser) competente.

27. Me alegro de _____ (salir) temprano.

28. No es posible que nosotros _____ (llegar) a tiempo, a menos que _____ (tomar) el tren de las ocho.

29. Les dije que yo _____ (ir) a discutirlo con el jefe.

30. Mañana cuando _____ (ir) a la clase, se lo diré al profesor.

64. PAST SUBJUNCTIVE

Programmatic (Unit 38 and 39)

Modelo: La mamá les dijo a los niños que (acostarse) tan pronto como (terminar) de lavarse las manos.

<u>La mamá les dijo a los niños que se acostaran tan pronto como terminaran de lavarse las manos.</u>

En el espacio a la derecha, escriba el párrafo correspondiente, cuidando de usar la forma correcta del verbo entre paréntesis.

1. El embajador le pidió a su secretaria que le (preparar) un café, y ella le contestó que lo haría cuando (tener) tiempo.

2. El presidente no quería que el vice-presidente (escribir) su biografía antes de que (terminar) su mandato.

3. El padre le dijo a su hijo que le (poner) gasolina al coche en cuanto (llegar) a la primera gasolinera.

4. Ella quería que yo (ir) a su casa, pero le expliqué que no creía que me (ser) posible hacerlo.

5. Cuando era niña me gustaba que me (dar) dinero, pero mis padres no creían que el dinero (ser) necesario para una niña.

6. Me enfadó mucho que Ud. (decir) eso
   porque creía que usted era mi amigo.
   – Lo siento mucho, pues no quería
   que usted (ofenderse).

   _____
   _____
   _____
   _____

7. El doctor le recomendó que (irse) a
   casa y que (tomar) una aspirina en
   cuanto (llegar).

   _____
   _____
   _____
   _____

8. Mi jefe quería que yo (escribir) el
   informe en cuanto (tener) tiempo.
   Le dije que lo haría después de que
   (recopilar) toda la información.

   _____
   _____
   _____
   _____
   _____

9. El presidente dijo que tan pronto
   como (recibir) el visto bueno del
   Congreso, mandaría la ayuda
   que (ser) necesaria.

   _____
   _____
   _____
   _____

10. El general ordenó que (atacar) la
    ciudad después de que los ciuda-
    danos (haber sido evacuados) para
    evitar que (morir) gente inocente.

    _____
    _____
    _____
    _____

65. MORE ABOUT THE SUBJUNCTIVE

Programmatic (Unit 39)

Modelo: **Espero.   Puedes salir.   (que)**

Espero que puedas salir.

Use las conjunciones que se dan entre paréntesis para enlazar las siguientes frases. Haga los cambios que sean necesarios. Algunas requieren el subjuntivo.

1.   ¿Tienes un auto? ¿Tienes un camión? (o)

_____

2.   Quiero ir al cine. No tengo dinero. (pero)

_____

3.   No hay cartas. No hay telegramas. (ni)

_____

4.   Quiero comprar esos guantes. Me gustan. (porque)

_____

5.   No puedes entrar. No tienes las entradas. (a menos que)

_____

6.   Pueden entrar. Tienen dinero. (con tal que)

_____

7.   Vamos a comprarlo. Es barato. (si)

_____

8.   Voy a esperar. Llega el correo. (hasta que)

_____

9.   Juan, toma este dinero. Compra los libros. (para que)

_____

10.   No puede ir al concierto. Su padre le da permiso. (sin que)

_____

11.   Puedo ir al cine. Mi padre me da dinero. (porque)

_____

12.   Queremos almorzar. Llega Juan. (antes que)

_____

13.   Vamos a estudiar. Tú compras los libros. (después de que)

_____

14.   ¡Dígale! Termine pronto. (que)

_____

15.   ¡Pregúntele! ¿Quiere ir al cine? (si)

_____

16.   Podemos pedir vino. Cerveza. Jugo de frutas. (o)

_____

17.   No quiero salir. Llega el jefe. (sin que)

_____

18.   Sugiérale eso. Traduzca la lección. (que)

_____

19.   No pueden salir. Terminen el trabajo. (hasta que no)

_____

20.   Él compró el diccionario. El sabía que no era bueno. (aunque)

_____

66. MORE ABOUT THE SUBJUNCTIVE (UNKNOWN ANTECEDENT)

Programmatic (Unit 40)

Modelo: Este diccionario es muy grande, pesa mucho y no tiene muchas ilustraciones.

Quiero encontrar un diccionario que sea pequeño, que no pese mucho y que tenga más ilustraciones.

A.   Buscando casa   Situación existente

"Esta casa tiene 4 dormitorios, 3 baños y sala-comedor. La cocina es moderna y el jardín es grande y está bien cuidado; ofrece muchas comodidades. La entrada principal da hacia un parque que es muy bonito. La casa queda lejos de la zona comercial y no cuesta demasiado. Se puede habitar inmediatamente".

Despúes de estudiar la "situación existente", transfórmela. Empiece su descripción con la siguiente frase: "Busco una casa que ... "

_____

_____

_____

_____

_____

_____

_____

_____

_____

_____

B. Solucionando el problema de
    la vivienda en la zona rural   Situación existente

"Hay un proyecto de vivienda para la zona rural. Con este proyecto la construcción de dichas casas cuesta mucho. El precio por unidad resulta alto. Los campesinos no pueden pagar cuotas mensuales tan altas. El proyecto no ofrece muchas facilidades de pago. La vivienda no está al alcance de todas las familias.

Además, las casas, cuyas ventanas y cuartos son pequeños, no llenan los requisitos de salubridad pública en cuanto a ventilación y servicios se refiere, y por otra parte, no se ha tomado en cuenta el número de personas que, por lo general, componen una familia en el área rural".

Después de analizar la situación existente, transforme la narración. Empiece su descripción con la frase: " Se necesitaría un proyecto que . . . "

_____

_____

_____

_____

_____

_____

_____

_____

_____

_____

_____

_____

_____

_____

C. Ayuda social   <u>Situación existente</u>

"En el país **X** se necesitan leyes para proteger a la clase obrera. En la mayoría de los hogares tanto la madre como el padre trabajan fuera del hogar, y en muchos de los casos los niños quedan con poca o ninguna supervisión. A veces las parejas no tienen con quien dejar a los niños.

Las empresas no proveen beneficios como guarderías infantiles y un horario flexible. Existen algunas guarderías, pero en ellas el niño no recibe un cuidado apropiado.

Cuando se presenta una emergencia médica no hay quién los asista, o en muchos casos, no cuentan con el equipo necesario".

Después de analizar la "situación existente", diga qué leyes hacen falta para ayudar a la clase obrera. Empiece su explicación con la frase: "En el país necesitamos leyes que..."

_____

_____

_____

_____

_____

_____

_____

_____

_____

_____

_____

_____

67. MORE ABOUT FAMILIAR FORM

Programmatic (Unit 41)

Modelo:

Sra. María Prado,	María,
Por favor, venga mañana un poco más temprano.	Por favor, ven mañana un poco más temprano.

Convierta los siguientes mensajes del formal al informal.

A. 1.

Sra. Violeta Delgado,	Violeta,
Hágame el favor de terminar la carta y *póngala* en el correo. Si viene el Dr. Baca, *dígale* que la reunión será mañana a las 10:00 a.m.	
Gracias, xxxxxxxxxxx	

2.

Sr. Daniel Rivas,	Daniel,
Como no puedo asistir al brindis en honor al Dr. Sánchez, *vaya* usted en representación de la firma. Por favor, *sea* puntual.	
Gracias, xxxxxxxxxxx	

3.

Srta. Elsa Silva,	Elsa,
La negociación del contrato es maña-na. Por favor, *tenga* los papeles listos para hoy a las 2:30 p.m. y *póngalos* en mi escritorio. *Salga* cuando *haya terminado* el trabajo del día.	
Gracias, xxxxxxxxxxx	

Antes de salir de casa, la Sra. Martínez le deja a su marido una lista de lo que quiere que haga, aprovechando que él está de vacaciones en casa.

B.   Primero, (1) **darle de comer** al perro y (2) **sacarlo de paseo** por media hora.
(3) **No dejarlo** dentro de la casa sino en el jardín, (4) **cerrar** bien la puerta de la valla, y (5) **tener cuidado** de que no se escape.

Luego, en la casa, (6) **arreglar** dos artefactos eléctricos que no funcionan, y (7) **tener cuidado** de no electrocutarte.

(8) **No llamar** a la escuela del niño a las 12:00 sino a las 11:30, y (9) **preguntar** a qué hora es la reunión de padres y maestros.

A las 3:00, (10) **ir a buscar** a los niños a la escuela. Después, (11) **pasar** por el mercado y (12) **comprar** pan, carne, helados, leche y huevos. (13) **No pagar** en efectivo sino con cheque.

Ya en casa, (14) **ayudarles** a los niños con la tarea, y (15) **no dejarlos** salir sino hasta que la hayan terminado.

Si necesitas hablar conmigo, (16) **llamar** a la oficina a cualquier hora, pero (17) **no llamar** de 3:00 a 4:00 porque estaré en una reunión.

¡Ah! y por último, dos cositas más, (18) **hacer** una ensalada, pero (19) **no ponerle** la salsa, y (20) **poner** la mesa para la cena.

Ahora, suponga que usted es la Sra. Martínez. Dígale a su esposo lo que tiene que hacer. Use la información arriba suministrada. Veamos ...

_____
_____
_____
_____
_____
_____
_____
_____
_____
_____

68. THE CONDITIONAL FORM
Programmatic (Unit 42)

Modelo: Yo prepararé el material y José hará la presentación.

Dije que yo prepararía el material y que José haría la presentación.

Cambie las siguientes frases al pasado. Siga el modelo.

A. 1. Yo saldré mañana temprano y volveré a las 2:00 pm.
Dije que_____

2. Los invitados vendrán como a las 8:00 de la noche.
Dije que_____

3. Ustedes tendrán tiempo para conocer el país.
Nos dijo que_____

4. Habrá una exposición de productos nacionales. La entrada valdrá $2,50.
Expliqué que_____

Modelo: "El Sr. León tiene unos días libres, y por eso va a quedarse en casa para descansar".

—¿Qué haría usted con una semana libre?
—Yo haría un viaje a la playa o visitaría algún lugar cerca de aquí.

Los planes de los Parra.
"Como ganaron la lotería, los Parra harán un viaje por todo el mundo. Se hospedarán en los mejores hoteles. Comerán en los restaurantes más caros y famosos. Comprarán muchas cosas. Al volver al país, mandarán a construir su casa ideal".

¿Qué haría usted con un millón de dólares?
B. _____
_____
_____
_____
_____

69. PAST SUBJUNCTIVE AND CONDITIONAL

Programmatic (Unit 42)

Modelo: **Es** sábado. **Visito** las galerías. **Hay** un cuadro que **me gusta** y lo **compro.**

Si fuera sábado visitaría las galerías. Si visitara las galerías y hubiera un cuadro que me gustara, lo compraría.

Convierta la siguiente historia en una hipótesis.

A.   **Es** la una. Yo **tengo** mucha hambre y **voy** a almorzar a un restorán cerca de aquí. No **voy** solo; **voy** con mi amigo José. En el restorán yo **pido** para los dos, pero el mozo **se pone** nervioso. Él **se confunde** y **nos trae** algo raro. La comida no **nos gusta** y no la **comemos.** **Salimos** en seguida. El mozo **corre** hacia la puerta, pero en la confusión **se cae.** **Se le rompen** unos vasos y él no **sabe** que hacer. Entonces **empieza** a llorar. Su jefe **se enfada** y **nos busca** a nosotros, pero no **nos encuentra.** Y así el mozo **debe** pagar los vasos y mi amigo y yo **decidimos** no volver a ese restorán.

_____

_____

_____

_____

_____

_____

_____

_____

B.   **Es** un domingo por la mañana. **Salgo** para la iglesia con mis hermanos. **Vamos** en auto con nuestros padres. Mi padre **prefiere** manejar y así mi madre no **se pone** nerviosa. Después de la iglesia, **damos** una vuelta por el parque. Mi padre **nos compra** unos dulces. José **no come** dulces, pero **toma** una limonada.

_____

_____

_____

_____

70. MORE ABOUT INDIRECT DISCOURSE IN THE PAST

Programmatic (Unit 42)

Modelo: Luis: "Mi jefe espera que yo termine este proyecto en dos meses. También quiere que le dé una evaluación del mismo. Es bastante trabajo. Estaré muy contento cuando lo termine".

         Usted: Luis me dijo que <u>su jefe esperaba que él terminara este proyecto en dos meses, y que también quería que le diera una evaluación del mismo. Luis me comentó que era mucho trabajo, y que estaría muy contento cuando lo terminara.</u>

En el ejercicio **30** se usaron los verbos: decir, preguntar, comentar, explicar, saber, olvidar, acordar(se) y creer; a esta lista podríamos agregar: sugerir, pedir, aconsejar, etc.

Observe el modelo y después, complete las conversaciones breves que se dan a continuación. Para que haya coherencia en su relato incorpore alguno(s) de los elementos que se sugieren, según convenga: **y, que, también, además, así , pero,** y otros que usted sepa.

1. José: "La inestabilidad política ocurrió por la subida del costo de vida. Cuando bajen los precios, la gente se mostrará más contenta y habrá más estabilidad en el país".

    Usted: José me explicó que_____

_____

_____

_____

2. José: "Ya que he aprendido un poco sobre esa región, trataré de ampliar mis conocimientos de la misma. Cuando vaya allí podré entender mejor su cultura y su gente".

Usted: José me dijo que _____

_____

_____

_____

3. Usted: José, ¿tiene hambre?
   José: Ya lo creo, tengo tanta hambre que no sé qué hacer.
   Usted: ¿Por qué no come algo?
   José: No traje nada.
   Usted: Entonces, vaya al restorante de la esquina.
   José: No puedo porque no he traído dinero.
   Usted: En ese caso, pídale prestado a Pablo porque yo tampoco tengo.

Usted: _____

_____

_____

_____

_____

_____

_____

_____

_____

4. Usted: ¿Hay alguien aquí que sepa portugués?

   José: No, no hay nadie aquí que hable portugués.

   Usted: Haré un viaje a Brasil y necesito que alguien me explique algunas cosas del país.

   José: Le aconsejo que vaya a la universidad donde hay muchos brasileños.

   Usted: Gracias, iré cuando salga de la clase.

   Usted: _____
   _____
   _____
   _____
   _____
   _____
   _____

5. Usted: ¿Pasaron el proyecto de ley sobre importación?

   José: Sí, pero la gente no está muy contenta.

   Usted: ¿Por qué?

   José: Porque dejaron ciertos aranceles que los empresarios no querían. No fomentan mucho la importación.

   Usted: Claro, si hubieran eliminado ciertos impuestos sería más fácil la entrada de ciertos productos al país.

   Usted: _____
   _____
   _____
   _____
   _____
   _____
   _____

71. PAST SUBJUNCTIVE AND CONDITIONAL

Programmatic (Unit 43)

Modelo:

```
┌─────────────────────────────────────┐
│        Promotores de venta           │
│ Buena presencia y facilidad de palabra, │
│ propia transportación, auto nuevo.   │
└─────────────────────────────────────┘
```

No tengo experiencia como vendedor, y además mi carro es viejo. Si tuviera experiencia y mi carro fuera nuevo, solicitaría este trabajo.

A continuación hay varios anuncios, léalos, y después, explique su situación real y haga sus comentarios. Use estructuras gramaticales similares a las del modelo.

Leyendo los clasificados

1.

        a)
```
┌─────────────────────────────────┐
│          liquidación            │
│ 200 cuadros de los mejores      │
│ pintores dominicanos.           │
│ Lope de Vega esq. Abraham Lincoln │
└─────────────────────────────────┘
```

    b)
```
┌──────────────────────────────────────────────────────────┐
│ Laboratorio internacional necesita visitadores médicos / vendedores │
│     para: Santiago y provincias                            │
│                                                            │
│ Requisitos: estudios del área biológica. No mayor de 40 años, buena presencia, movilización │
│ propia. Deseable experiencia en venta y promoción.         │
│                                                            │
│ Se ofrece: posibilidad de desarrollo, curso de entrenamiento y buen nivel de remuneración. │
│ Interesados enviar curriculum vitae, foto de frente e indicar pretensiones de sueldo. │
│                                                            │
│             NEVESI-5 - CASILLA 13-D                        │
└──────────────────────────────────────────────────────────┘
```

1. a)_____

_____

_____

_____

b) _____
_____
_____
_____
_____

2.

a)

**HACIENDA
GANADERA
VENDO**
Sin intermediario, la
Gran Diana, 610 has.
casa nueva, via comunal
aguas propias, caballares,
tractor, planta nueva,
350 novillos más o menos
Informes
2824839 Bogotá
671612 Cali
Apartado 3122 Cali

b)

INVERSIONISTAS
Motivo viaje vendo fabuloso centro
comercial sobre avenida, esquina
calle127-A, 7 locales. Magnífica renta
comprobada.
Verse cita previa
Tlfs. 530-103, 271-293

c)

**SE VENDE
LUJOSO RESTAURANTE
PIANO BAR EN CAGUA**
Edo. Aragua. Tlf. (044) 75-152

---

2. a) _____
_____
_____
_____

b) _____
_____
_____
_____

c) _____
_____
_____
_____

3

CORPORACION PARA PROFESIONALES

Presenta Primer Seminario de Gerencia sobre
EFECTIVIDAD GERENCIAL
conferencista: ROMAN RIVERA

TEMARIO

I. Aspectos básicos de gerencia
II. Función de la planificación
III. El manejo de los recursos humanos
IV. Estilo eficaz de liderazgo

Lugar: Hotel Sula
Ciudad: San Pedro de Sula
Informan: 52 22 10

Dirigido a:
GERENTES GENERALES,
GERENTES DE AREA,
ALTOS EJECUTIVOS,
ADMINISTRADORES DE
NEGOCIOS Y DUEÑOS DE
EMPRESAS DE DIVERSO
TIPO Y NIVEL

3. _____
_____
_____
_____
_____
_____
_____
_____
_____
_____
_____
_____
_____
_____

Modelo:

> Con gran éxito se cerró ayer la exposición de arte de los mejores pintores dominicanos. La exposición que se inauguró . . .

Si hubiera sabido de tal exposición, habría ido a verla, quizás habría comprado un cuadro.

4)

I
T
I
N
E
R
A
R
I
O

Día 18. ITAIPU / PUERTO STROESSNER / LAGO IPACARAI / ASUNCION
Café de manhá. Salida de Foz de Iguazu, con equipaje para visitar la monumental Represa de Itaipu, la mayor obra hidroeléctrica del mundo. Se continúa luego a Paraguay, cruzando el Puente de la Amistad. Llegada a Puerto Stroessner, donde se almorzará. Tiempo libre hasta las 15:00 hrs. para recorrer la Zona Franca. Más tarde, visita al Lago de Ipacarai, al atardecer continuación a la ciudad de Asunción. Noche: Hotel Armelo o similar.

Día 19. Asunción

Situación:

Mi viaje por 4 países de Sud América. 23 días maravillosos con excepción del día 18 ya que hubo un cambio en el itinerario. De Foz de Iguazu, Brasil, fuimos directo a Asunción.

4. _____

_____

_____

_____

_____

_____

_____

72. CONJECTURE IN THE PAST

Programmatic (Unit 44)

Modelo: **La reunión para discutir el proyecto era ayer.**

         a) ¿La habrán hecho?, ¿habrán aprobado el proyecto?

         o

         b) ¿La harían?, ¿aprobarían el proyecto?

A continuación se dan 3 situaciones. Trate de hacer las conjeturas posibles (en el pasado) para cada situación.

1. Usted tiene que viajar fuera del país mañana, y le pidió a su esposa que le hiciera la reservación del vuelo y le comprara cheques viajeros. Hasta el momento usted no sabe si lo ha hecho o no.

_____

_____

_____

_____

2. Usted llevó su carro a reparar, y le dijeron que estaría listo para la hora que sale de su trabajo. Usted tuvo que ausentarse de la oficina por unas horas. Ud. no tiene noticias de su carro, no sabe si lo llamaron o no.

_____

_____

_____

_____

132

3. ¡Cuántos males afligen a la humanidad!
    a) guerras religiosas que parecen nunca acabar,
    b) tráfico y uso de drogas imposibles de controlar,
    c) enfermedades para las que no hay cura, etc.

   Yo me pregunto si para dentro de 15 años ya:

   _____

   _____

   _____

   _____

   _____

4. Ahora, ¿quiere un desafío? --Trate de contestar alguna de las preguntas que

   escribió en el número 3.

   Es probable que para dentro de 15 años ya (o todavía no)_____

   _____

   _____

   _____

   _____

   _____

133

73. PREPOSITIONS, CONJUNCTIONS AND ADVERBS

Programmatic (Units 40 to 45)

Modelo:

| Después de |
| ~~Antes de~~ |
| ~~Como~~ |

trabajar ocho horas en el día, asistía

| ~~con~~ |
| a |
| ~~de~~ |

clase dos horas

| ~~en~~ |
| por |
| ~~de~~ |

la noche. Como sólo podía ir a algún

lugar

| ~~en~~ |
| ~~acerca~~ |
| cerca |

de mi casa, iba a un cine que estaba

| ~~con~~ |
| para |
| a |

dos cuadras de mi casa.

Tache las palabras que no correspondan.

A.

"Napoleón nació

	1
a	
en	
de	

Ajaccio (Córcega), el 15 de agosto

	2
de	
en	
del	

1769. Fue

proclamado Emperador

	3
en	
por	
para	

plebiscito. Combatió con entusiasmo

	4
por	
contra	
a	

toda Europa coligada, y sus admiradas tropas obtuvieron,

	5
por	
de	
sin	

dificultad, extraordinarias victorias

	6
de	
debajo	
bajo	

sus órdenes".

134

B.

El asunto de las Malvinas fue uno de los temas principales de la XLII sesión [1: a / por / de]

la Asamblea General de las Naciones Unidas. El canciller argentino Dante Caputo

abrió el sexto debate [2: con / sobre / cerca] las Malvinas [3: en / sin / desde] la guerra con Gran

Bretaña [4: para / en / el] 1982. "Recuperar las islas —manifestó— es una meta

compartida [5: de / por / para] todos los argentinos; [6: a / con / en] decisión y [7: sin / por / en] descanso

continuaremos procurando persuadir al Reino Unido de la necesidad [8: a / por / de]

restituir esos territorios". Sir Crispin Tickell, delegado británico, dijo

[9: por su parte / de parte / en parte] que no tiene sentido reiterar año [10: tras / de / detrás] año la misma

resolución que representa uná "ilusión" [11: por / ya que / sino] el llamado encubre un pedido

disfrazado de negociaciones [12: en / sobre / y] la soberanía de las islas.

[13: Asimismo, / Sin embargo, / Como] [14: a / en / de] la Asamblea General de la OEA los reclamos argentinos

sobre las Malvinas recibieron apoyo de varios países del área, [15: de / entre / en] ellos Brasil

[16: en medio de / por medio de / a mediados de] su canciller Roberto Abreu; el canciller uruguayo reiteró también

el apoyo [17: de / a / por] su país [18: "a / de / sobre] las justas reivindicaciones argentinas".

VISIÓN, 7 de diciembre de 1987

135

SECOND PERSON PLURAL "VOSOTROS" FORM

	Stem		2 pl endings
	Infinitive		
Present Indicative	habl	-ar	-áis
	com	-er	-éis
	viv	-ir	-ís
	1 sg Present Indicative		
Present Subjunctive	habl	-o	-éis
	com	-o	-áis
	viv	-o	-áis
	Infinitive		
Preterite	habl	-ar	-asteis
	com	-er	-isteis
	viv	-ir	-isteis
	Infinitive		
Imperfect	habl	-ar	-abais
	com	-er	-íais
	viv	-ir	-íais
	3 pl Preterite		
Past Subjunctive	habl	-aron	-arais
	com	-ieron	-ierais (-ieseis)
	viv	-ieron	-ierais (-ieseis)
	Infinitive		
Future	hablar		-éis
	comer		
	vivir		
Conditional	hablar		-íais
	comer		
	vivir		
Command Form	habla	-r	-d
	come	-r	
	vivi	-r	

La forma **vosotros** no aparece en el "Programmatic". Se ha añadido para ayudar a aquellos que vayan a España.

In Latin America the second person plural form <u>vosotros</u> is not used in ordinary conversation; rather the third person plural (ustedes) forms is used. When <u>vosotros</u> is used in Latin America, either in formal speeches or in writing, it has a definite stylistic, literary effect. In Spain, however, the <u>vosotros</u> form is normally used in speaking collectively to two or more people who would be addressed individually as <u>tú</u>.

The form <u>os</u> is used for either direct, indirect, or reflexive pronoun, for example: "<u>Os llamé ayer</u>.", "<u>Os levantasteis temprano</u>.", "<u>¿Os lo dio?</u>" The possessive form is <u>vuestro</u> (-<u>a</u>, -<u>os</u>, -<u>as</u>), as in "<u>vuestra casa</u>".

In forming the affirmative <u>vosotros</u> command, reflexive verbs drop the <u>d</u> ending before adding <u>os</u>, as in these examples: "<u>Quedáos aquí</u>.", "<u>Dormíos ya</u>." The only exception to this pattern is for the verb <u>irse</u>, "<u>Idos ahora</u>."

Note: (It is frequent to hear in Spain the form "<u>levantaros</u>" rather than the grammatical form "<u>levantaos</u>" or "<u>comer</u>" for "<u>comed</u>.")

74. SECOND PERSON PLURAL "VOSOTROS" FORM

Modelo: Y tú, ¿qué estás bebiendo?

Y vosotros, ¿qué estáis bebiendo?

Convierta las frases de la forma tú a la forma **vosotros**.

A 1. ¿Y tú ves los cafés tan llenos?   _____
   2. Pero, ¿cuál practicas?   _____
   3. Al principio no necesitas.   _____
   4. ¿Cómo crees que vamos a poder?   _____
   5. Tú sales temprano, ¿verdad?   _____
   6. ¿Tienes otra cosa que hacer?   _____
   7. ¿Tú sabes la última noticia?   _____
   8. Tú siempre dices lo mismo.   _____
   9. Sin embargo, voy a ver lo que dices.   _____
   10. ¿No quieres otro trago?   _____

B. 1. ¿Trajiste la guitarra?   _____
   2. ¿Mandaste a revelar las fotos?   _____
   3. Hiciste bien en dejar ese trabajo.   _____
   4. ¿Le hablaste al coronel del asunto?   _____
   5. ¿Fuiste solo a Europa?   _____

C. 1. ¿No lo sabías?   _____
   2. Me habías dicho que ibas a   _____
       tomar fotos.   _____
   3. ¿Echabas de menos a la familia?   _____
   4. Vivías en la Florida.   _____
   5. ¿Tú eras profesor?   _____

D. 1. Realmente es mejor que lo hagas.   _____
   2. No importa que no sepas el idioma.   _____
   3. Siento mucho que tú no puedas ir.   _____

4. Ana no quiere que fumes. _____

5. Espero que vengas temprano. _____

E. 1. No seas tan exigente. _____

   2. No digas esas cosas. _____

   3. No le hagas caso. _____

   4. No te preocupes. _____

   5. No te quejes tanto. _____

F. 1. Ana, <u>recuerda</u> que <u>tienes</u> un compromiso esta noche. Como no <u>tienes</u> carro <u>ven</u> con nosotros a la fiesta. Nosotros pasamos <u>por ti</u> a las ocho. <u>Está</u> lista. a esa hora.
Ana y Berta,_____

_____

   2. Rosa, como <u>necesitas</u> a alguien que <u>te</u> limpie el piso yo puedo <u>ayudarte</u> a conseguir una empleada. <u>Ven</u> a mi casa mañana por la tarde y <u>te</u> presento a la mía. A la seis <u>te</u> espero y <u>sé</u> puntual.
Rosa y Gloria,_____

_____

_____

Modelo: ¿Comimos demasiado?
Sí, comisteis demasiado.

Ahora, conteste las siguientes preguntas con la forma **vosotros**.

G. 1. ¿Dijimos algo horrible? _____

   2. ¿Perdimos mucho? _____

   3. ¿Lo hicimos bien? _____

   4. ¿Vimos toda la ciudad? _____

   5. ¿Llegamos a tiempo? _____

Modelo: ¿Dónde comemos?
Comed en el hotel.

H. 1. ¿Qué compramos? _____

   2. ¿Dónde nos quedamos? _____

   3. ¿Qué traducimos? _____

4. ¿Cuánto le damos de propina?   _____

5. ¿Cuándo nos vamos?   _____

Modelo: **¿Estudiamos?**
            No, no estudiéis.

I. 1. ¿Volvemos?   _____

   2. ¿Nos vamos?   _____

   3. ¿Le damos propina?   _____

   4. ¿Ponemos esto aquí?   _____

   5. ¿Se lo decimos a él?   _____

Modelo: **¿Quieres que estudiemos o que trabajemos?**
            Quiero que trabajéis.

J. 1. ¿Deseas que nos vayamos o que nos quedemos?

   _____

   2. ¿Es mejor que comamos o que tomemos?

   _____

   3. ¿Es necesario que lo leamos o que lo sepamos de memoria?

   _____

   4. ¿Quieres que sigamos con este informe o que empecemos otro?

   _____

   5. ¿Qué prefieres que abramos? ¿La ventana o la puerta?

   _____

Modelo: **¿Cuánto nos debes?**
            Os debo cuatro pesos.

K. 1. ¿Qué nos das?   _____

   2. ¿Cuándo nos llevas al centro?   _____

   3. ¿Quién nos regaló esto?   _____

   4. ¿Qué se nos olvidó?   _____

   5. ¿Quién nos la va a mandar ?   _____

GENERAL REVIEW

REPASO #1

Ponga la historia en el presente. (se puede usar con diferentes sujetos)

¡DE PRISA!

      Aunque no me _____ (1. gustar), _____
(2. acostarse) temprano, para poder levantarme a las siete y media. _____
(3. despertarse), y a ciegas, con mucho sueño, _____ (4. encender)
la luz y _____(5. ver) que son las seis. Como no _____ (6. querer)
ni _____(7. pensar) levantarme tan temprano, _____ (8.
dormirse) otra vez. A las siete y media _____(9. sonar) el despertador y
_____ (10. empezar) a vestirme medio dormido. En la cocina, la
cocinera _____ (11. calentar) la leche, _____ (12. colar) el café,
_____ (13. cocer) los huevos y _____ (14. tostar) el pan.
_____ (15. sentarse) a desayunar en el comedor y mientras
tanto _____(16. hojear) el libro de español, pero pronto lo _____(17.
cerrar) porque _____ (18. darse cuenta) que _____ (19. saber) la
lección. _____ (20. mirar) por la ventana y _____ (21. ver)
que _____ (22. nevar). La gente _____
(23. atravesar) la calle de prisa. Un pobre niño _____(24. esperar) el
autobús.
     _____ (25. tiritar) de frío porque _____ (26. llevar)
calcetines y pantalones cortos.

continuación:

      _____(27. ser) las ocho y es hora de salir. No _____
(28. soler) salir de casa tan pronto, pero hoy _____ (29. pensar) pasar
por la biblioteca para devolver los libros. _____ (30. ponerse) el
abrigo, los guantes y el sombrero y _____ (31. volar) a la calle. _____
(32. tropezar) con la gente, _____ (33. empezar) a correr porque se
me_____ (34. helársele) los pies, _____ (35. perder) el

autobús y _____ (36. encontrarse) con un amigo. _____ (37. correr) ambos y por fin _____ (38. llegar). _____ (39. devolver) los libros a la bibliotecaria y _____ (40. salir) de prisa.

Mi amigo me _____ (41. preguntar) si yo _____ (42. ir) a almorzar a la una como de costumbre. Le _____ (43. decir) que sí, que en el restaurante de enfrente porque el almuerzo _____ (44. costar) poco y _____ (45. servir) inmediatamente.

Los dos nos _____ (46. despedir) y _____ (47. entrar) a la clase donde _____ (48. estar) los otros estudiantes que _____ (49. esperar) al profesor.

Ponga la historia en el pasado.

EL CIRCO

Ayer _____ (1. llevar) a mis sobrinos al circo. _____
(2. estar) muy contentos y llenos de curiosidad porque _____ (3. ser) la
primera vez que _____ (4. ir). Antes de empezar la función _____
(5. entrar) en la gran tienda de campaña a ver a los enanos y al gigante. Los niños,
un poco asustados, _____ (6. alegrarse) al ver aparecer al vendedor de
globos. No bien lo _____ (7. ver) _____ (8. empezar) a
aplaudir. Les _____ (9. comprar) globos muy coloridos.

En el circo _____ (10. vender) cacahuetes, palomitas o rosetas
de maíz y refrescos. Los niños _____ (11. querer) limonada y se la
_____ (12. comprar) lo cual _____ (13. gustarles) mucho.
_____ (14. subir) unas escaleras y _____ (15. sentarse) en la
quinta fila de donde _____ (16. verse) la pista muy bien.
_____ (17. estar) cubierta de aserrín y esto _____
(18. sorprenderles) a los niños.

_____ (19. empezar) a sonar la música y _____
(20. salir) un hombre vestido de negro con un bastón en la mano. Tras él, payasos,
acróbatas, jinetes, vaqueros, domadores de leones, elefantes que _____
(21. bailar), focas que _____ (22. tocar) instrumentos, monos que
_____ (23. imitar) a los hombres, perros amaestrados y bailarinas a
caballo o en la cuerda floja.

Los niños _____ (24. disfrutar) del espectáculo, pero la niña
_____ (25. quejarse) al salir porque cuando _____
(26. mirar) a los payasos de la izquierda no _____ (27. poder) ver lo
que _____ (28. hacer) los de la derecha.

Al llegar a la casa, los niños _____ (29. describir) la función.

Llene los espacios en blanco con las preposiciones apropiadas.

EL DIVORCIO

Una razón (1)_____ la cual el divorcio aumenta es la mayor educación femenina. (2)_____ el aumento del divorcio hay inestabilidad en la familia.

Las mujeres ahora no se preocupan (3)_____ el hecho de quedarse solteras; antes nadie quería ni pensar (4)_____ ser la tía solterona de la familia.

Hoy es fácil tratar (5)_____ conseguir el divorcio ya que un matrimonio (6)_____cada cinco termina (7)_____ divorcio.

(8)_____ las muchas causas que existen, el divorcio se puede obtener (9)_____ incompatibilidad de caracteres, (10)_____ falta de responsabilidad (11)_____ no mantener a la familia, (12)_____ adulterio, etc.

El deseo (13)_____ compartir sus vidas lleva (14)_____ muchos jóvenes (15)_____ vivir juntos; (16)_____ este tipo de relación se sienten más (17)_____ gusto. Al decidir (18)_____ ellos mismos, se sienten más preparados (19)_____ elegir sus destinos. La pregunta (20)_____ hacerles a estos jóvenes es: ¿han pensado (21)_____ las consecuencias que sus actos y decisiones tendrán (22)_____ sus hijos?

REPASO #4

Escriba el adjetivo en la forma y lugar apropiados.

1. Juan se bañó en las _____ aguas _____ del Mediterráneo. (tibio)

2. Sus _____ mejillas _____ indicaban su emoción. (sonrosado)

3. Pancho Villa es un _____ héroe _____ mexicano. (grande)

4. En mi casa hay una _____ mesa _____. (redondo)

5. Sus _____ zapatos _____ nuevos son caros. (hermoso)

6. Sus _____ zapatos _____ no son nuevos. (negro)

7. No soporto los _____ muebles_____. Prefiero los tradicionales. (moderno)

8. La _____literatura _____ contemporánea es difícil de entender. (francés)

9. Cuando tocó las _____ manos _____ del muerto, se estremeció. (frío)

10. Las _____ casas _____ cuestan más dinero que las casas pequeñas. (grande)

11. Rosie Greer es un _____ hombre_____; debe de comer mucho. (grande)

12. Mi _____ perro_____ tiene pulgas. (pobre)

13. Este año tengo el _____jefe_____ que el año pasado. (mismo)

14. Los líderes socialistas dicen que la _____ clase_____ oprime a los obreros. (medio)

15. Alfonsina es una _____ amiga _____ mía; nos conocimos cuando éramos niños. (viejo)

16. Un _____ pianista _____ sabe mucho de música. (bueno)

17. Un _____ pianista _____ ayuda a los pobres. (bueno)

18. Su abuelo es un _____ hombre_____ . (viejo)
19. Pedro compra un _____ coche_____ todos los años
    porque no le gusta andar en uno usado. (nuevo)
20. Su _____ carro _____ es un Mercury de este año.
    (nuevo)
21. Ella tiene un _____ coche _____ . (pequeño, italiano)
22. Ella tiene un _____ _____ coche _____
    _____ . (italiano, deportivo)

REPASO #5

Escriba la forma correcta de **ser, estar, quedar** o **haber**.

1. _____ preocupados por su hermana; últimamente_____ muy pálida y decaída, y sospechamos que ella puede _____ enferma.

2. No creo que este libro _____ de Mariana, me parece que _____ de Lucía.

3. Aquel puente _____ construído por un arquitecto famoso.

4. En este salón siempre _____ muchas conferencias.

5. Todas mis clases _____ por la mañana.

6. Sofía, ¡qué guapa _____ hoy!

7. El gazpacho _____ una sopa fría.

8. La nieve _____ negra porque mucha gente ha caminado sobre ella.

9. Anoche nosotros _____ mirando la televisión cuando se apagó la luz y la ciudad _____ a oscuras durante varias horas.

10. Sus antepasados _____ de una tribu que _____ a favor de la colonización por los blancos.

11. Las dos partes de el Quijote _____ publicadas en el siglo XVII.

12. Este año _____ poca lluvia.

13. Su otro departamento _____ muy lejos de la universidad.

14. Ella _____ contenta por la noticia.

15. Los ladrones creyeron que las joyas _____ de oro, pero _____ solamente imitaciones.

16. ¿Cuándo _____ la fiesta de Manuel? Ojalá que no _____ este sábado.

17. La reunión _____ mañana a las diez y _____ en la oficina del director.

18. Ya _____ las cinco y Pedro no me ha llamado, pero _____ segura de que me llamará.

19. Ese paquete _____ para que lo lleves al correo.

20. El año pasado mi profesor de historia _____ el Sr. Soto.

21. ¿Cuántas revoluciones _____ en 1848?

22. José _____ un muchacho muy alegre, especialmente cuando _____ en una fiesta.

23. Los obreros no _____ satisfechos con sus salarios.

24. Cuando _____ joven, el actor _____ fuerte y sano, pero ahora _____ débil y enfermo.

25. Esos no _____ mis zapatos; los míos _____ de cuero y _____ debajo de la cama.

Traduzca empleando **ser, estar** o **haber.**

1. Mary, how young you look!

   _____

2. His brother is sitting in the entrance.

   _____

3. I have been on a diet, that is why I am thin.

   _____

4. They are lying on the grass.

   _____

5. There has to be someone here 24 hours a day.

   _____

6. This coffee tastes delicious.

   _____

7. Your mother acts (seems) very young.

   _____

8. She is very young.

   _____

REPASO #6

Escriba la forma correcta del verbo.

1.   Estudiaré hasta que Enrique _____. (venir)

       Estudié hasta que Enrique _____. (venir)

       En general, estudio hasta que Enrique _____. (venir)

       Generalmente estudiaba hasta que Enrique _____. (venir)

2.   Él nos esperará a pesar de que nosotros _____ (llegar) tarde.

       Él nos esperó a pesar de que nosotros _____ (llegar) tarde.

       Siempre nos espera a pesar de que nosotros _____ (llegar) tarde.

3.   Siempre te llamo cuando _____ (tener) dinero.

       Te llamaré cuando _____ (tener) dinero.

       Siempre llamo cuando _____ (tener) dinero.

       Siempre llamaba cuando _____ (tener) dinero.

4.   Él no gastaba dinero aunque _____ (ser) rico.

       Él no gastará dinero aunque _____ (ser) rico.

       Él no gasta dinero aunque _____ (ser) rico.

5.   Te gustará Amalia cuando la _____. (conocer)

       Te gustó Amalia cuando la _____. (conocer)

6.   Pon la carta donde yo la _____. (encontrar)

       Pones las cartas donde yo no las _____. (encontrar)

       Puse la carta donde tú la _____. (encontrar)

7. Avíseme tan pronto como lo _____. (hacer)

Me avisó tan pronto como lo _____. (hacer)

Me avisará tan pronto como lo _____. (hacer)

Siempre me avisa tan pronto como lo _____. (hacer)

8. Escribiré la tarea como usted me lo _____. (pedir)

Escribí la tarea como usted me lo _____. (pedir)

Por lo general, escribo la tarea como usted me lo _____. (pedir)

9. Entregaste el trabajo en cuanto lo _____. (terminar)

¿Entregas tú el trabajo en cuanto lo _____? (terminar)

Yo sé que entregarás el trabajo en cuanto lo _____. (terminar)

10. Iré siempre que tú me _____. (invitar)

Siempre que me _____ (invitar), voy.

Siempre que me _____ (invitar), iba.

Escriba la forma correcta del verbo.

A. 1. Juan me pidió que _____ (servir) el vino.
   2. Te aseguré que yo _____ (despertarse) temprano.
   3. Mis padres querían que nosotros _____ (divertirse).
   4. Me agrada que ustedes _____ (hacer) la tarea para mañana.
   5. Yo sabía que tú _____ (acostarse) temprano cuando eras niño.
   6. Creo que la situación económica _____(mejorar) algún día.
   7. Elena explicó que le_____ (doler) la cabeza.
   8. No irán a menos que nosotros los _____ (invitar).

Termine la frase de una manera original. (consulte con su profesor después)

B. 1. Salí antes de que ella _____

   2. Lo haremos sólo en caso de que _____

   3. No comeré en tu casa a menos que _____

   4. Yo se lo iba a dar sin que _____

   5. Hazlo de manera que _____

   6. Te lo he traído para que _____

   7. Me lo prestó a condición de que _____

   8. Me alegraba que _____

   9. Es posible que _____

   10. Vendrá con tal que_____

Use para cada frase una de las siguientes formas.

cual	lo que	con quien(es)
lo cual	el (la, los, las) cual (es)	de quien(es)
que	el (la, los, las) que	cuyo / a (s)

A. 1. El cajón, dentro del _____ ella guarda sus papeles, está abierto.
   2. La mujer _____ habla mucho es mi cuñada.
   3. Los chicos _____ estudio para mi clase de español son mexicanos.
   4. Ese es el amigo de mi hermana _____ la profesora siempre se queja.
   5. _____ ella ha hecho es una tontería.
   6. Borges, _____ cuentos son muy interesantes, es un escritor argentino.
   7. El examen de historia fue muy fácil, _____ sorprendió a los alumnos.
   8. Las personas a _____ invito a mis fiestas no se emborrachan.

Traduzca

B. 1. The letter I received yesterday was from my parents.

   2. They have many photographs of Spain, whose capital they visited in 1987.

   3. I did not understand what she said.

   4. She gave me the names I asked her for.

   5. That picture was a present from her son-in-law, whose taste is strange.

REPASO #9

¿Cuál de las siguientes formas: **cual, lo cual, lo que, que, el (la, los, las) que, el (la, los, las) cual (es), cuyo / a (s), con quien (es)** o **de quien (es)** usaría usted en cada una de las frases que damos a continuación.

A. 1. Ésa es la película de la _____ te he hablado tanto.

2. Ese señor, _____ es del sur, está a favor de la defensa de los derechos humanos.

3. Ella no es la muchacha con _____ José estaba de novio.

4. Aquél es el senador contra _____ ha habido protestas.

5. El profesor, contra el _____ fue la protesta ayer, sufrió un ataque al corazón.

6. Sus estudiantes, _____ son diligentes, pasan mucho tiempo en la biblioteca.

7. El bosque estaba oscuro, _____ les inspiró terror.

8. ¿Entendiste _____ ella dijo?

9. El piano _____ está en la sala es el _____ él tocó.

10. Chile, _____ capital es Santiago, es un país muy largo y angosto.

11. Las toallas con _____ nos secamos los manos son de papel.

12. Mi vecino, con _____ yo jugaba cuando era pequeño, vive ahora en Yugoslavia.

13. Muchas personas _____ son ricas no son generosas.

Usando las formas anteriores, convierta las dos frases en una, de manera que transmita la misma información.

B. 1. Las flores están en el florero. Las flores son rosas.

_____

_____

2. Ella está aprendiendo a escribir a máquina. Ella quiere trabajar en una oficina.

_____

_____

3. Mi padre vive en Chicago. Él está jubilado.

4. El niño tiene tres años. Él no se viste por sí mismo.

5. Algunos estaban contentos. Ellos se rieron alegremente.

6. Los estudiantes sueñan con las vacaciones durante la clase. Ellos tienen malas notas.

7. Constantemente pienso en una idea. La idea es ir al Perú en auto.

8. Josefina abrió la maleta. Dentro de ella guardaba los documentos.

9. La cosecha fue abundante y ganaron mucho dinero. Todo eso les alegró.

10. Ana es una amiga mía. Yo estudio con ella.

11. "Nadie a quien matar" es un cuento sobre Cuba. Su autor es Lino Novás-Calvo.

12. Todos terminaron el examen. Ellos salieron de la clase.

13. George Foreman es un buen boxeador. Alí perdió contra él.

Escriba en el estilo indirecto y haga los cambios necesarios.

A. 1.   Roberto le dice a María: "Invítame a cenar esta noche".

_____

2.   Ellos le pidieron a la profesora: "Por favor, escriba la frase en la pizarra".

_____

3.   La profesora aconsejó: "Primero escúchenme, y después, pregúntenme".

_____

4.   Afirmaste: "Yo tengo hambre".

_____

5.   Pepe nos rogó: "Salid de la casa".

_____

6.   Yo dije: "Quiero aprender español".

_____

7.   Ana explicó: "Me dieron la fórmula y, será posible que yo haga cosas muy importantes en el futuro".

_____

8.   Pepe me preguntó: "¿Has escrito muchas composiciones para esta clase?"

_____

9.   La madre le ordenó al niño: "Di la verdad".

_____

10. Haz lo que quieras José.

_____

Seleccione un tema, y escriba diez oraciones originales en el estilo indirecto. Use varios tiempos tanto en indicativo como en el subjuntivo.

B.

_____

_____

_____

_____

_____

_____

_____

_____

_____

_____

_____

_____

_____

_____

Escriba la forma correcta del verbo entre paréntesis.

C. 1. Lo hice sin que él me lo _____ (pedir).

2. En caso de que Juan me _____ (llamar) dígale que estoy ocupado.

3. Explícalo para que ellos te _____ (entender).

4. Quería salir antes de que ella _____ (llegar), pero no pude.

5. Lo puse ahí con el fin de que todos lo _____ (ver).

6. Te lo iba a decir sin que me lo _____ (preguntar).

7. Me prestará su libro con tal de que yo se lo _____ (devolver).

8. Vine para que tú no _____ (estar) solo.

REPASO #11

Escriba una oración usando la oración entre paréntesis como cláusula principal.

A. 1. Censuraron la película. (El gobernador ordenó que ...)

_____

_____

3. Sabíamos la noticia. (Él dudaba que ...)

_____

_____

2. Ha llovido mucho. (Me alegro que ...)

_____

_____

4. Pepe nos trajo un regalo. (Nos sorprendió que ...)

_____

_____

5. No lo hacemos. (Mi familia prefiere que ...)

_____

_____

6. Fuimos al cine. (Nuestros padres nos permitieron que ...)

_____

_____

7. Josefina se ha suicidado. (Temo que ...)

_____

_____

8. Ella cometió el delito. (Nos entristeció que ...)

_____

_____

9. No vinieron a mi fiesta. (Sentí mucho que ...)

_____

_____

10. Llegan mañana. (Espero que ...)

_____

_____

11. Nunca saben lo que pasa en su propio país. (Es increíble que...)

_____

_____

12. Pedro puede hacerlo. (Estoy seguro de que ...)

_____

_____

13. A Ximena no le gustan los frijoles. (Dudamos que ...)

_____

_____

14. Has sacado muy malas notas. (Qué lástima que ...)

_____

_____

15. Ese problema es muy complicado. (No están seguros de que ...)

_____

_____

Use la forma adecuada del verbo.

B. 1. No creo que _____(valer) la pena estudiarlo.

2. Dudo que _____ (valer) la pena estudiarlo.

3. No cabe duda de que _____ (valer) la pena estudiarlo.

4. Me parece que él lo _____ (repetir) mucho recientemente.

5. Siempre creían que usted_____ (poder) hacer eso.

6. Nunca pensamos que él _____ (poder) hacer eso.

7. Nos era evidente que Aldemaro _____(poder) hacer eso.

8. Estaba segura de que Pablo _____ (poder) hacer eso.

9. Tú opinabas que esa piedra _____ (tener) valor.

10. Ellas nunca gastaban dinero aunque _____ (ser) ricas.

Llene el espacio en blanco con la forma apropiada de **estar**.

1. Yo no sabía que usted _____ tan orgulloso de su hijo.
2. ¿Dónde _____ usted cuando nació su primer hijo?
3. ¿_____ usted en la clase ayer?
4. ¿_____ usted en su casa cuando la tormenta empezó?
5. ¿Ustedes jugaban al fútbol cuando _____ en la universidad?
6. ¿_____ muchos días en el hospital después de su accidente?
7. No quisimos jugar al tenis porque_____ muy cansadas.
8. El teatro _____ tan lleno que no se podía respirar.
9. Los niños _____ tan cansados que no hacían más que llorar.
10. El invierno pasado no _____ enferma ni un sólo día.
11. Cuando _____ en Madrid, siempre _____ enferma.
12. No le contesté porque yo no _____ para bromas.
13. ¿Dónde _____ su esposa cuando usted llegó a su casa anoche?
14. ¿Cuántas horas _____ ustedes ayer en la clase?
15. ¿_____ usted en el Departamento de Estado ayer?
16. ¿Dónde _____ usted ayer a las 5:00?
17. Cuando vivía en Madrid, si llegaba a mi casa después de las 10 y media de la noche, el portal _____ cerrado.
18. En la primavera no podía nadar en el mar porque el agua _____ muy fría.
19. El agua _____ muy sucia y por eso el camello no quería beberla.
20. El domingo _____ sola todo el día porque mi hija se fue de viaje.

REPASO #13

Llene el espacio en blanco con la forma apropiada de **ser**.

1. El general _____ muy astuto al aceptar la rendición incondicional.

2. George Washington _____ el primer presidente de los Estados Unidos.

3. Él _____ de Virginia, _____ bastante alto.

4. Él _____ el que cruzó el río Delaware con sus tropas.

5. El presidente _____ una persona muy inteligente y por eso, él no _____ el que firmó la sentencia.

6. _____ la una de la tarde cuando salí a comer.

7. El viernes pasado _____ el día más aburrido de mi vida.

8. La invención de la bomba atómica _____ la obra de un científico.

9. ¿Quién _____ el que se atrevió a saltar del avión sin paracaídas.

10. ¿Quién _____ el vice-presidente cuando asesinaron a J. F. K.?

11. ¿Quién _____ la señorita que llevaba el sombrero al revés?

12. Roco _____ un ladrón de primera categoría, pero él no _____ el que robó las joyas de la princesa.

13. El año pasado _____ un año de guerra en todo el mundo.

14. El Sr. Alvarez _____ mi primer amigo en esta institución.

15. Antes, Irán _____ Persia.

16. El Shah de Irán, según sus súbditos, _____ un tirano de marca mayor.

17. Francisco Franco _____ dictador de España por 40 años.

18. ¿Quién _____ el presidente de los Estados Unidos cuando usted nació?

19. Cuando yo _____ estudiante, me gustaba mucho bromear con mis profesores.

20. Mi profesor de química _____ un señor muy serio, no _____ muy joven, y con él no _____ fácil bromear.

REPASO # 14

Llene el espacio en blanco con la forma correcta de **ser** o **estar**.

1. Yo todavía _____ en pañales cuando Ud. ya _____ profesor en la universidad.

2. Cristóbal Colón _____ de Génova y _____ un magnífico navegante.

3. Yo _____ más gorda cuando _____ en la universidad.

4. Ayer _____ muy cansada porque _____ de pie casi todo el día.

5. ¿Dónde _____ ayer? Le _____ esperando dos horas.

6. Antes, la capital de La Guinea Ecuatorial _____ Fernando Poo, pero ahora _____ Malabu.

7. La vida antes _____ mucho más barata que ahora, también _____ menos complicada.

8. El teatro _____ abarrotado de gente. Algunas personas _____ de pie en los pasillos, pero la mayoría _____ sentada.

9. La Gran Mesalina _____ una señorita bastante ligera de cascos; pero según los historiadores, en aquellos tiempos, no _____ raro _____ así.

10. Napoleón _____ un gran estratega y _____ completamente loco por Josefina.

11. Josefina, que _____ muy vanidosa y coqueta no le _____ fiel en ningún momento.

12. Ya que su idea _____ _____ siempre viajar, dígame – ¿en cuántos países _____ _____ usted?

13. Mientras Napoleón _____ en la isla de Elba, Josefina _____ bailando el vals en los grandes salones de París.

14. Ayer cuando Ud. llegó a clase, yo _____ en el aula del Sr. Mejía; fui a preguntarle que cómo _____ porque me habían dicho que _____ enfermo.

15. Antiguamente se creía que la tierra _____ plana, nadie sabía, por entonces, que _____ redonda.

161

REPASO # 15

¿Por o para? Complete la historia con la preposición adecuada.

Juan tenía un auto viejo y se lo entregó a un agente de automóviles (1)_____ un modelo nuevo. ¿Por qué cambió Juan su auto viejo (2)_____ uno nuevo? ¿Qué pasó? –Vamos a ver...

Juan había comprado ese auto hacía tres años. Lo usaba (3)_____ ir al trabajo (4)_____ las mañanas y (5)_____ regresar a casa (6)_____ las tardes. Juan vive en Maryland, de modo que (7)_____ llegar al centro, donde está su oficina, se va (8)_____ el parque Rock Creek. A veces la esposa de Juan manejaba (9)_____ él, especialmente cuando él estaba cansado o cuando su esposa necesitaba el auto (10)_____ ir de compras. Pero un día, su esposa chocó el auto y lo llevaron a un garage (11)_____ que lo arreglaran. Hay un excelente garage (12)_____ ahí, en los alrededores de la oficina de Juan, pero su esposa lo llevó a otro garage que le había recomendado una amiga. (13)_____ supuesto, todo resultó mal.

El coche fue arreglado (14)_____ un mecánico que entendía de todo menos de autos. (15)_____ empeorar las cosas, le dijo a Juan que pasara (16)_____ el auto el lunes a las cinco, y cuando Juan fue el coche no estaba listo todavía. Juan tuvo que tomar un taxi (17)_____ regresar a casa. Al día siguiente, Juan estaba (18)_____ salir cuando el mecánico lo llamó (19)_____ teléfono (20)_____ avisarle que el coche estaría listo (21)_____ la tarde, Juan estaba más tranquilo ya que ese día tenía que comprar las provisiones (22)_____ la casa y necesitaba el auto.

Pero al mediodía, el mecánico volvió a llamarlo (23)_____ decirle que había descubierto que el diferencial estaba quebrado y que él no respondía (24)_____ el coche. Juan estaba tan enojado que cortó la comunicación y llamó a su esposa (25)_____pedirle que se entendiera ella con el mecánico, y que después lo llamara a él a la oficina.

Su esposa llamó al garage, y cuando estaba lista (26)_____ empezar a discutir con el mecánico el teléfono se descompuso y quedó muerto.

Juan esperó varias horas, y finalmente, como no tenía noticias llamó a su esposa (27)_____ preguntarle qué había sucedido. Descubrió que el teléfono estaba malo.

Llamó a la compañía de teléfono (28)_____ que lo arreglaran. Luego consiguió un taxi (29)_____ que lo llevara hasta el garage donde estaba su auto.

En el camino iba pensando en todos los trajines en que se veía envuelto (30)_____ culpa de la obstinación de su esposa, (31)_____ él todo el asunto no tenía ni pies ni cabeza.

Finalmente, todo se arregló. Juan decidió cambiar su auto viejo (32)_____ uno nuevo, y desde entonces no tiene problemas.

Es decir, el único problema que ahora tiene es el de pagar las mensualidades del auto nuevo, y que se vió obligado a comprar (33)_____ falta de sensatez de su esposa. Este nuevo coche es sólo (34)_____ él.

No le permite a nadie que lo maneje. Cuando se dirige a su trabajo (35)_____ las mañanas va felíz y satisfecho. Lo estaciona cerca de su oficina y (36)_____ las tardes, cuando regresa a su casa (37)_____ el parque se divierte con el paseo y el paisaje. Entre nosotros, lo que le ha pasado a Juan le sucede a muchos.

REPASO # 16

De las formas de **haber** que están entre paréntesis, suprima con una raya (——) las que no correspondan.

1. (Ha - Han) habido dos accidentes de tránsito esta mañana.

2. Anoche (hubo - hubieron) dos fiestas en el Hotel Nacional.

3. Ojalá que no (haya - hayan) heridos en la manifestación.

4. José y Carmen (había - habían) estudiado la lección antes de venir a la clase.

5. Es necesario que (hayan - haya) muchos empleados en la sección consular.

6. Esta tarde en la calle (habían - había) muchísimas personas.

7. En esta escuela (han - ha) habido demasiados problemas.

8. Rafael sabía que no (había - habían) galletas en la cocina.

9. María y Julia (han - ha) estado dos veces en Caracas.

10. (Ha - Han) habido muchos cambios en la economía nacional.

11. Los estudiantes se (habría - habrían) divertido si (hubieran - hubiera) habido más variedad de música.

12. Es posible que hoy no (hay - haya) clase a las 2:00 p.m.

13. Es probable que (haya - hayan - hubieran) habido muchas víctimas.

14. Me dijeron que era bueno que ustedes (hayan - habría - hubieran) llegado a tiempo.

15. Si (habría - hubo - hubiera) huelga no podríamos hacer la gira.

16. No podemos entrar a menos que (haya - hayan - hay) un vigilante.

17. De (haber - había - hubo - hay) protestas, se cancelaría la reunión.

18. No es que no (hubo - hay - haya) quien pueda; es que no (hay - haya) quien quiera hacer eso.

ANSWER KEY

1. THE IMPERATIVE

A. (página 1)
1. Prepare ...
2. Sí, ábrala. (No, no la abra.)
3. Sí, úselo. (No, no lo use.)
4. Sí, pase. (No, no pase.)

B. (pages 1 & 2)

1. llegue...
   escriba...
   mande...
   llame...
2. limpie...
   vaya...
   compre...
   haga...
3. hable...
   reciba...
   decida...
   salga...
   acepte...
4. visiten...
   coman...
   prueben...
   compren...
   asistan...
5. pase...
   siéntese...
   tome...
   sírvase....
   quédese....
6. repita...
   hable...
   explique ...
   vuelva a llamar....
7. ponga...
   llene...
   revise...
   cambie...
   repare...

(formas de los verbos que deben usarse en las frases completas que se piden)

2. THE SUBJUNCTIVE

(páginas 3 & 4)   (posibles respuestas)

1. El cliente quiere que el camarero le traiga la cuenta.
2. Mi secretaria no quiere que yo le dé mucho trabajo.
3. Nuestros jefes quieren que nosotros preparemos los informes.
4. Ella quiere que el botones le traiga una toalla más.
5. El señor Juárez no quiere que su suegra venga a visitarlo.
6. El mecánico le aconseja a Ricardo que le cambie el aceite a su coche a menudo.
7. La recepcionista quiere que los pasajeros le dejen sus pasaportes.
8. Los empleados del mercado no quieren que los clientes toquen la fruta.
9. El dentista le aconseja a Ana que vuelva cada tres meses.
10. Los supervisores quieren que los funcionarios tomen los datos correctamente.
11. Sí. Es necesario que llame al Sr. García.

12. Él les aconseja que decidan eso pronto.
13. El Sr. Pérez les aconseja que firmen el documento.
14. Nuestros hijos quieren que compremos otro carro.

3.   "MÁS DE," "MÁS QUE" AND "MÁS DE LO QUE"

A.   (página 5)
  1. más de   2. más que   3. más de lo que

B.   (página 5)
  1. más de lo que   2. más de   3. más que

C.   (página 5)
  1. más de   2. más que   3. más .... de lo que   4. más de

D.   (página 5)   F.   (page 6)
     más de / más de lo que   más de lo que / más de

E.   (página 5)   G.   (page 6)
     más de lo que / más que   más de lo que / más de / más de

A.   (página 6)
  1. más que   3. menos que   5. más de
  2. menos que   4. más de los que   6. menos de

B.   (página 6)
  1. menos ... que   2. más ... de lo que   3. más de   4. menos de

4.   "POR" AND "PARA" (REVIEW)

A.   (página 7)

1. por	5. por	9. por	13. por	17. para
2. para	6. por	10. para	14. para	18. por
3. para	7. por	11. para / para	15. por	19. para
4. por	8. para	12. por / para	16. por	20. por

a.2

B.   (página 8)

1. por	4. para	7. para	10. para	13. para	16. por
2. para	5. para	8. por	11. por	14. para	17. por
3. para	6. para	9. por	12. por	15. por	18. por

5.   "PARECER"

(página 9)

1. me pareció	4. le pareció	7. nos pareció	10. les pareció
2. nos pareció	5. les parecieron	8. me pareció	
3. me parecieron	6. le parecieron	9. les pareció	

6.   "MÁS DE," "MÁS QUE," "MÁS DE LO QUE," AND "NO / NADA MÁS QUE"

A.   (página 10)

1. más de lo que	2. más que	3. más que	4. más que

B.   (página 10)

1. más de	6. (nada) más que	11. más de	16. más de
2. más de lo que	7. (nada) más que	12. más de	17. (nada) más que
3. más de lo que	8. más que	13. más que	18. más de lo que
4. (nada) más que	9. más de lo que	14. (nada) más que	19. más de lo que
5. más de lo que	10. más de	15. más que	20. más que

7.   "DEJAR DE" + INFINITIVE AND "DEJAR" + INFINITIVE

A.   (página 11)

1. dejó	3. dejó	5. dejó	7. dejaron
2. dejó de	4. dejar de	6. dejen de	8. dejaron de

B.   (página 11)

1. dejé de	3. deja (dejó)	5. deje de	7. dejó de
2. deja (dejó)	4. dejar de	6. deja	8. dejan (dejaron)

8.   PRESENT PERFECT

A.   (página 12)

1. ha hablado
2. ha visto
3. he tomado
4. ha estado
5. han comprado
6. hemos vendido
7. ha leído
8. he comprado
9. ha entendido / he dicho
10. ha abierto
11. hemos ido
12. ha puesto
13. he dejado
14. han hecho
15. han traído
16. han vuelto

B.   (página 13)

1. no la he abierto
2. no se las ha hecho
3. no nos lo ha dicho
4. no se las hemos dado
5. no me lo ha entregado
6. no se los ha tomado
7. no me lo han pagado
8. no nos lo ha traído
9. no se la han colocado
10. no se los hemos mencionado

9.   PAST PERFECT

(página 14)

1. había empezado
2. habían recomendado
3. había estado ahí
4. había salido
5. había visitado
6. habíamos entendido
7. había leído
8. había comprado
9. habían vendido
10. habíamos visto
11. había vuelto
12. había hecho

10.   "DEJAR" + INFINITIVE, "DEJAR DE" + INFINITIVE AND "DEJAR"

A.   (página 15)

1. dejó
2. dejó de
3. dejó
4. dejé
5. deja
6. deje
7. deje de
8. deje
9. dejó
10. deje de / déjeme

B.   (página 15)

1. dejó
2. dejé
3. deja
4. dejen
5. dejar
6. dejamos
7. dejó
8. deje
9. dejaron
10. dejamos

a.4

11. PRESENT AND PAST PERFECT (REVIEW)

(página 16)
1. hemos cambiado
2. había negado
3. ha (había) apagado
4. le han devuelto
5. ha escrito
6. se había puesto
7. ha roto
8. habíamos hecho
9. ha visitado
10. habían probado
11. he terminado
12. habíamos visto
13. había tenido
14. ha dicho
15. han descubierto

12. FIRST PERSON PRESENT TENSE AND IMPERATIVE FORM

A. (página 17)
1. oigo / dígame
2. tenga / vengo
3. tenemos / tráiganos / póngalas
4. vengo / salga / venga
5. haga
6. óigame / haga le digo
7. valgo
8. tenga paciencia

B. (página 18)
1. ponga
2. oiga / tenga
3. vengo / viene
4. vale
5. tenga / caiga
6. traigo / traiga
7. haga
8. salga / salgo
9. traiga
10. suena

13. PRESENT SUBJUNCTIVE

A. (página 19)
1. entienda / no hay nadie que entienda
2. sepa / no hay nadie que sepa
3. haga / no hay nadie que haga
4. pueda / no hay nadie que pueda

B. (páginas 19 & 20)
1. ¿Hay alguien aquí que me lleve al hospital? (pueda llevarme...)
2. ¿Hay alguien aquí que hable italiano?
3. ¿Hay alguien aquí que tenga aspirinas?
4. ¿Hay alguien aquí que esté de acuerdo con esta propuesta?
5. ¿Hay alguien aquí que sepa cantar?
6. ¿Hay alguien aquí que me cambie este billete? (tenga cambio)

C. (página 20)
1. Aquí no hay un carro que sea bueno.
2. No hay muchas compañías que fabriquen carros económicos.
3. Aquí no hay muchas tiendas que vendan artículos importados.
4. No hay una ciudad donde no haya mucho tráfico.
5. Aquí no hay una casa que sea buena y que valga menos de 100.000 de dólares.
6. Nunca hay trenes que vayan casi vacíos.

D. (página 21)
1. ¿Hay una playa que sea buena y esté cerca de aquí?
2. ¿Hay un hotel que no cueste mucho y quede en el centro de la ciudad?
3. ¿Hay restaurantes donde preparen buena comida y los mozos hablen inglés?
4. ¿Hay muchas casas de alquiler que sean grandes y tengan jardín?
5. ¿Hay una estación de gasolina donde hagan buenos trabajos y cobren barato?

14. "ALGO / NADA"   "ALGUIEN / NADIE"

(página 22)

1. nada	6. ninguno	11. algún
2. ninguno (nada)	7. algunas	12. algo / nada
3. alguien	8. algo / nada	13. nadie
4. algo	9. algunas	14. alguna / ninguna
5. algún / ningún	10. algunas	15. algunos

15. "YA," "TODAVÍA NO," "TODAVÍA" AND "YA NO"

(páginas 23 & 24)

A.	B.	C.	D.
a. ya	a. ya	b. ya no /	a. ya
b. ya / todavía	b. todavía no	todavía no	b. ya
a. todavía no	todavía	b. ya	a. ya
b. todavía no	a. todavía		b. todavía
	b. ya no		a. ya
			b. todavía no

a.6

16. "DEBIERA" AND "QUISIERA"

(página 25)

1. debiera / debiera
2. quisiera
3. quisiéramos
4. quisiera
5. debiera / quisiera
6. quisiera / debiera
7. debiera / quisiera
8. debieran
9. quisiera / debiera
10. quisiéramos / debiéramos

17. THE IMPERFECT

A. (página 26)

1. vivía
2. era / practicaba
3. jugaba
4. eran / llevaba
5. estaba / había
6. estaba / tenía
7. trabajábamos
8. era / subía
9. lavaba
10. viajaba
11. usaba / pagaba
12. iba
13. caminábamos
14. era
15. tenía

B. (página 27)

1. trabajaba
2. jugaba
3. leía
4. hablaba
5. eran / quedaban
6. vivíamos / íbamos
7. era / viajaba
8. estaba / comía / era
9. íbamos
10. iba / ayudaba

18. "AQUÍ," "ACÁ," "AHÍ" AND "ALLÁ"

(página 28)

1. ahí (allí)
2. acá (aquí)
3. allá
4. aquí
5. ahí (allí)
6. allí (ahí)
7. acá (aquí)
8. allá / allá / allá / ahí / allá

19. THE IMPERFECT

(página 29)

1. miraba
2. explicaba
3. estaba
4. hacíamos
5. esperábamos
6. iba
7. contaban
8. salía
9. esperaban
10. vivían
11. hablaba
12. subíamos
13. dormía
14. llegaba

20. THE IMPERFECT VS. PRETERITE

(página 30)
1. Nosotros paseábamos cuando empezó a llover.
2. Mi vecino trabajaba en el jardín cuando lo vi esta mañana.
3. Nosotros mirábamos la televisión cuando hubo un corte de luz.
4. Yo salía de mi casa cuando el cartero llegó.
5. Pablo bajaba las escaleras cuando se cayó.
6. Alguien tocó a la puerta cuando yo me bañaba.
7. El presidente daba un discurso cuando los guerrilleros atacaron.
8. A Juan se le paró el coche cuando cruzaba el puente.
9. Ellos iban por la ruta 35 cuando se les pinchó la llanta.

21. PAST PROGRESSIVE

A. (página 31)
1. estaba escribiendo   3. estaban aprendiendo   5. estábamos oyendo
2. estaba leyendo   4. estábamos vistiéndonos

B. (página 32)
1. Estaban escribiendo cuando...
2. Estaba trabajando cuando ...
3. Estaba nevando cuando ...
4. Estaba haciendo (mi tarea) cuando ...
5. Estaban traduciendo cuando ...
6. Estaba dando su discurso cuando ...
7. Estábamos mirando televisión cuando ...
8. Estábamos comprando (...) cuando ...

22. REFLEXIVE VERBS   (REVIEW)

A. (página 33)
... me sentía nervioso. Me preparé mentalmente ... ; me dije que era ... más. Después, me dediqué a ... ; me puse mi ... y me imaginé que era el ... ; me dirigí al ... y me presenté a la hora indicada. Durante la entrevista me puse tan nervioso que creía (creí) que iba a desmayarme, me fijé en ... y me tranquilicé. ... me despedí, y me fui ... sin quejarme de mi actuación.

B. (página 34)

1. me despierto   5. me peino   9. se baña   13. nos vamos
2. me levanto   6. me pongo   10. se maquilla 14. nos encontramos
3. me cepillo   7. se despierta   11. se viste   15. nos quedamos
4. me lavo   8. se levanta   12. nos desayunamos 16. nos acostamos

C. (página 34 & 35)

1. no me siento ...   6. se queja de...   11. se maquilló ...
2. me quedo ...   7. no nos casamos ...   12. se durmió en ...
3. no me olvidé de nada.   8. no se divierten ... 13. se seca el ...
4. nos encontramos en ...   9. me despierto ...   14. no nos quitamos / llegamos
5. le gusta ducharse ...   10. no se cepillaron ... 15. nos sentamos en ...

23. "PEDIR" VS. "PREGUNTAR"

A. (página 36)

1. le pide   6. le pregunta   11. le pide   16. le pide
2. le pregunta   7. le pide   12. le pregunta 17. le pregunta
3. le pregunta   8. le pregunta   13. le pregunta 18. le pide
4. le pide   9. le pide   14. le pide   19. le pide
5. le pide   10. le pregunta 15. le pregunta 20. le pregunta

B. (página 37)

1. pregunté   6. pregunté / había pedido
2. pedí   7. había pedido
3. pedí / pregunté   8. preguntó
4. preguntó   9. pídame
5. pidió   10. preguntemos / pedirnos

C. (páginas 37 & 38)

1. preguntar   6. pregunte   11. pregunté
2. pedir   7. pidamos   12. pidió
3. pregunta   8. pregunte   13. pedir
4. pregúnte   9. pregunte   14. pregunte
5. pedí   10. pregunte 15. preguntamos

D. (página 38)

1. preguntó / pidió
2. preguntar / preguntar
3. pidió / preguntó / pedido
4. pidió / preguntaba / pedir
5. pide / preguntó / pedido

6. pedir
7. preguntar / pedir
8. preguntar
9. pregunte
10. pida

24. "SALIR" VS. "DEJAR" VS. "IRSE"

(página 39)

A. se fue / salieron / dejaron
B. salimos / fuimos / dejamos / salimos

C. irse / salía / dejó
D. salió / dejó / dejé

25. "PREOCUPAR"

A. (páginas 40 & 41)

1. Está preocupada por su hijo.

   La Sra. Jaramillo se preocupa por su hijo.

   A la Sra. Jaramillo le preocupa su hijo. (le preocupan las malas notas de...)

2. Está preocupado por las cosechas.

   El gobierno se preocupa por las cosechas.

   Al gobierno le preocupan las cosechas.

3. Estaban preocupados por la alta tasa de criminalidad.

   Se preocupaban por la alta tasa de criminalidad.

   A los ciudadanos les preocupaba la alta tasa de criminalidad.

4. Estamos preocupados por la ola de terrorismo.

   Nos preocupa la ola de terrorismo.

   Nos preocupamos por la ola de terrorismo.

5. Luis se preocupa por eso. (se preocupó)

   A él le preocupa eso.   (le preocupó)

   Está preocupado por eso.   (estaba preocupado)

B. (páginas 41 & 42)

1. Les preocupa lo que su entrenador les dijo.

   Les preocupa lo del campeonato.

   Están preocupadas por lo del campeonato. (por lo que les dijo el entrenador)

2. Le preocupa lo que el profesor le ha dicho.

Le preocupa lo de su hijo.

Está preocupada por lo de su hijo. (por lo que le ha dicho el profesor)

3. Le preocupa lo que el gobierno dijo.

Le preocupa lo de los salarios.

Está preocupada por lo de los salarios. (por lo que dijo el gobierno)

4. Nos preocupa lo que dicen del desempleo.

Nos preocupa lo del desempleo.

Estamos preocupados(as) por lo del desempleo. (por lo que se dice del ...)

26. PRETERITE VS. IMPERFECT

A. (página 43)

1. era	5. aprendía	9. salía	13. había
2. iba	6. molestaba	10. llamaba	14. me acostaba
3. me quedaba	7. llegaba	11. daba	15. estaba
4. estaba	8. ponía	12. tenía	16. me dormía

B. (página 43)

1. me levanté   3. me peiné   5. me vestí   7. llegué   9. fuimos   11. fue
2. me bañé   4. me afeité   6. tuve   8. decidí   10. nos quedamos

C. (páginas 43 & 44)

1. iba	5. bajé	9. subió	13. llegamos	17. era
2. vi	6. pregunté	10. estaba	14. invitó	18. dijo
3. llovía	7. quería	11. llevé	15. esperaba	19. iba
4. llevaba	8. dio	12. pude	16. tuve	

D. (página 44)

1. llamó   2. quería   3. podía   4. dije   5. me levanté   6. salí   7. dejé

27. MORE ABOUT PRETERITE AND IMPERFECT

A. (páginas 45 & 46)

1. había	5. era	9. estaba	12. estuvimos	16. supo
2. eran	6. quería	10. coincidía	13. tenía	17. conocía
3. hubo	7. tenía / convenía	(coincidió)	14. hablaba	(conocí)
4. era	8. era	11. era	15. sabía	18. conocí

B. (páginas 46)

1. fue	3. quería	5. había	7. veía	9. eran
2. había	4. dijo	6. le preguntó	8. respondió	10. costaba

C. (página 46)

1. fuimos	7. estaba	13. alquilamos	19. se quedó
2. fue	8. llegamos	14. nos levantábamos	20. se quemó
3. sabía	9. subimos	15. nos íbamos	21. tuvo
4. era	10. nos quitamos	16. nadábamos	22. se sentía
5. nos quedamos	11. nos pusimos	17. nos asoleábamos	
6. tenía	12. bajamos	18. había	

28. "DEBIERA HABER (+ ado – ido) VS. PODRÍA HABER (+ ado – ido)"

(páginas 47 & 48)

1. Debiera haber llamado a su jefe para decirle que no iba a trabajar ese día.
2. Antonio no debiera haberse ido de caza.
3. Sus amigos no debieran haberse reído de él.
4. Debiera (debiéramos) haber hecho las reservaciones con anticipación.
5. Mientras esperaba (esperábamos), podría haber dejado el equipaje con un miembro de la familia.
6. Debiera haber llamado a la policía, y así podría haber recuperado la maleta.
   (Las respuestas pueden variar; pero deben seguir las mismas estructuras.)

29. PRETERITE OF IRREGULAR VERBS (REVIEW)

A. (página 49)

1. dijo	6. se durmió	11. pedí	16. vino	21. se vistió
2. oí / quise	7. supimos	12. trajo	17. hizo	22. hubo
3. cupo	8. fuimos	13. dijo	18. estuvimos	23. se fueron
4. tuvo	9. entendí	14. puso	19. sirvieron	24. tradujeron
5. trajo	10. se pusieron	15. pude	20. pidieron	

B. (página 50)

1. repetí / repitió
2. sirvieron / serví
3. dormí / durmió
4. pidieron / pedimos
5. seguimos / siguieron
6. repitieron / repetimos
7. sirvió / sirvimos
8. durmieron / dormimos
9. seguí / siguió
10. pidió / pedí

30. INDIRECT DISCOURSE IN THE PAST

(páginas 51 & 52)

1. Yo creía que Luis usaba tarjetas de crédito, y que no pagaba al contado.
2. Luis me comentó que María había dicho que no iba a continuar haciendo eso.
3. Le expliqué a Luis que cuando yo era joven no existían tarjetas de crédito.
4. No sabía que Luis había hecho cola por 2 horas.
5. Luis me preguntó si estaba haciendo los preparativos para la fiesta.
6. Yo creía que Luis no había hecho ninguna entrevista.
7. Luis me comentó que nunca había entrevistado a una aspirante tan inteligente como ella.
8. Luis no se acordaba que la fiesta era hoy.
9. Luis me preguntó si podía ayudarlo y le contesté que lo sentía mucho, pero que tenía que salir.
10. Luis me contó que había habido un terremoto, y que había mucha gente sin vivienda.

31. "HABER"

A. (página 53)

1. hubo	4. había	7. había habido	10. hay
2. había	5. había	8. haber	11. haya
3. había	6. ha habido	9. haya	

B. (página 53)
1. hay   2. hay   3. hubo   4. había

32. THE COMPARATIVES "TAN ...COMO" "TANTO ...COMO" AND "TAN" "TANTO"

A. (página 54)

1.	a) tan	2.	a) tan	3.	a) tantas / como	4.	a) tantos / como
	b) tan / tan		b) tan		b) tantas / como		b) tanta
	a) tan / como		a) tan / como		tanto / como		a) tanto
			b) tan		tan / como		tantas / como

B. (página 55)
1. tantos / como / tanto   4. tanto / tan   7. tan / tantos / como
2. tan / como / tanto   5. tan / tan   8. tanto / como
3. tanto / como   6. tantos / tan / como

33. PRESENT TENSE AND THE IMPERATIVE

A. (página 56)
1. pongo / póngalas   3. traigo / traiga,   5. digo / dígale   7. tengo / téngala
2. hago / haga   4. vengo / venga   6. oigo / óigame

B. (páginas 56 & 57)

1.	a) vamos	7.	a) tome	11.	a) terminamos
	b) vamos		b) tomo		b) terminemos
2.	a) explíqueles		a) tómelo	12.	a) salimos
	b) se lo explico	8.	a) explíqueles		b) salgamos
3.	a) subimos		b) se lo explico	13.	a) digo
	b) subamos		a) explíqueselo		b) díganoslo
4.	a) reservo		b) se lo explico	14.	a) volvemos
	b) resérvela		a) explíqueselo		b) volvamos
5.	a) cómpreme	9.	a) paga		
	b) se las compro		b) paguémosla		
6.	a) pongo	10.	a) traduzco		
	b) ponga		b) traduzca		

a.14

34. VOCABULARY

A. (página 58)
1. semanal / semanalmente
2. quincenal / quincenalmente
3. mensual / mensualmente
4. trimestral / trimestralmente
5. semestral / semestralmente
6. anual / anualmente

B.
1. nacional
2. departamental
3. municipal
4. gubernamental
5. continental
6. mundial

C. (página 59)
1. infeliz
2. desilucionado
3. indecente
4. indefinido
5. inexperto
6. desconocido
7. descontento
8. inhábil
9. desafortunado
10. deshacer
11. inhumano
12. inútil

D. (página 59)
1. hermanito
2. naranjita
3. chiquita
4. cuentitos
5. corazoncito
6. maquinita
7. jueguitos
8. problemita

35. "BUEN" VS. "BIEN"

A. (página 60)
1. bien / buen
2. buen / bien
3. bien / buen
4. bueno / bien
5. buenos / buen
6. bien / buen
7. buen / bien
8. bueno / bien
9. bien / buena
10. buenos / bien

B. (página 60)
1. buen
2. bien
3. bueno
4. bien
5. buena
6. buenos
7. buenos
8. buen
9. buen
10. bueno
11. bien
12. bien
13. buenos
14. buena
15. buena

C. (página 61) (posibles respuestas)
1. Es un buen comerciante porque invierte bien su capital.
2. Es un buen diplomático porque representa bien a su país.
3. Es un buen carro por eso funciona bien.
4. Será un buen pintor, trabaja muy bien.
5. Era un buen empleado, hacía su trabajo muy bien.
6. Es un buen mecánico, repara muy bien los carros.

7. Era un buen artista, actuaba muy bien.
8. Es un buen jefe, administra la oficina muy bien.
9. Se vive bien porque hace buen clima.
10. Es un buen producto, se vende muy bien.

36. THE SUBJUNCTIVE

A. (página 62)
1. seamos   3. cumplan   5. marchen   7. haga   9. escriban
2. lleguen   4. estén   6. discutan   8. decidan   10. nade

B. (página 63)
1. compre / pague   5. sepa / diga   9. desarrolle / faciliten
2. fije   6. nieve / hiele   10. haya
3. jueguen / ganen   7. obtenga / se endeude   11. apueste / invierta
4. vayamos / quedemos   8. resuelva / cooperemos 12. se divierta / deje de

37. THE INDIRECT COMMAND

(páginas 64 & 65)
1. que tome un taxi   5. que vaya / que descanse
2. que entre   6. que se vaya / sufra
3. que se sienten / que esperen   7. que le ponga / que la lleve
4. que deje / que venga   8. que suba

38. THE SUBJUNCTIVE

A. (página 66)
1. vengan   2. podamos   3. tenga   4. esté   5. obtenga

B. (página 66)
1. salga   2. me lo compren   3. me llame   4. la recomendemos

C. (página 66)
1. Ojalá / salga   5. Esperan que los reciban.
2. Espero que me manden.   6. Espera que lo visite.
3. Ojalá / cancele   7. Ojalá / sea
4. Ojalá / haga   8. Esperamos que vaya mañana.

a.16

39. THE SUBJUNCTIVE

A. (página 67)

1. conozcan
2. diga
3. estén
4. sea
5. tenga
6. lleguen
7. vuelvan / ocupen
8. ponga
9. viajemos
10. cometa
11. quepan
12. pueda

B. (página 68)

1. lo haya cometido
2. haya alcanzado
3. se haya casado
4. haya podido
5. hayamos sabido
6. hayan comprado
7. les haya gustado
8. haya firmado
9. hayan pasado
10. haya visitado

40. THE IMPERSONAL "SE"

A. (páginas 69 & 70)

1. Se vende(n) libros
2. Se vende(n) joyas
3. Se vende carne
4. Se vende(n) joyas de imitación
5. Se vende ropa blanca
6. Se compra(n) herramientas
7. Se vende(n) dulces
8. Se encuentran(n) recuerdos
9. Se vende pescado
10. Se hace pan
11. Se consigue(n) revistas
14. Se habla español.
15. Se encuentra de todo
16. Se fabrica(n) muchos tipos de carro.
17. Las cintas se graban aquí.

B. (páginas 70 & 71)

1. Se alquilan casas.
2. Aquí se habla español.
3. Se ven muchos pordioseros en la calle.
4. Se dice que los precios van a subir.
5. Se perdió un documento muy importante.
6. Se discutió el problema muchas veces.
7. Se escribió el libro en inglés.
8. Se venderá toda clase de juguetes.
9. No se mencionó nada importante.
10. No se sabe qué pasará.
11. Se firmarán los documentos mañana.
12. Se donó dinero al orfanato.
13. Bajo esas circunstancias no se dice eso.
14. La carta se mandó ayer.

15. Se puede ver el cometa a simple vista.

16. Se quería mucho al jefe.

17. Se felicita a la gente el día de su santo.

18. No se aceptan tarjetas de crédito.

41. THE FORM "HAY QUE" + THE INFINITIVE

A. (página 72)

1. obtener	3. practicar	5. apostar	7. estar	9. ahorrar
2. reservar	4. buscar	6. observar	8. poner	10. trabajar

B. (páginas 72 & 73)

1. hay que / había que / haya que   3. hay que / había que

2. había que / hay que / haya que   4. hay que / había que / haya que

42. PREPOSITIONS

A. (página 74)

1. a	4. en	7. a	10. en	13. de	16. en
2. de	5. de	8. a	11. a	14. a	17. de
3. a	6. de	9. de	12. de	15. de	18. de

B. (página 75)

1. de	5. para (por)	9. de	13. de	17. de	21. de	25. de
2. de	6. entre (en)	10. a	14. entre	18. para	22. en	
3. de	7. por	11. de	15. con	19. a	23. a	
4. a	8. para	12. a	16. de	20. de	24. en	

43. "OLVIDAR"

A. (página 76)

1. b) olvidé	4. b) se nos olvidó	7. a) se le olvida
2. b) se me olvidó	5. a) se me olvidó se me olvidó	b) se me olvidan
		8. se me olvidó
3. b) se me olvidaron	6. b) olvidé traer	

B. (página 77)
1. se me olvidó escribir (poner)
2. se nos olvidó poner
3. se le olvidó apagar
4. se le olvidó sacarla
5. se me olvidó cambiar
6. se me olvidó cerrar
7. se nos olvidó invitarla
8. se le olvidó darle
9. se le olvidó comprarlo
10. se me olvidó preguntárselo

C. (página 77 & 78)
1. se me olvida (se me ha olvidado) / se me olvide
2. se me olvidan / se me han olvidado (se me olvidaron)
3. se nos había olvidado (se nos olvidó)
4. se les olvidaba (se les olvida)
5. se le haya olvidado

44. REVIEW - THE USE OF "SE" + THE INDIRECT OBJECT

A. (página 79)
1. rompérsele
2. se le caen
3. se me quedaron
4. se les olvidan
5. se nos perdieron
6. se le cayeron
7. se le fracturaron
8. se les quedaban
9. se le olvidó
10. se me pierden
11. se le enfrió
12. se le descompuso
13. se les fue
14. se le murió
15. se nos pasa
16. se nos hizo (se nos ha hecho)

B. (página 80)
1. 3) Es una lástima que se me hayan quedado.
   4) Es una lástima que se les olviden.
   5) Es una lástima que se nos hayan perdido.
   7) Es una lástima que se le hayan fracturado las piernas.
2. 1) No quiero que se le rompan.
   10) No quiero que se me pierdan.
   11) No quiero que se le enfríe el café.
   15) No quiero que se nos pase el tiempo volando.
3. 6) A Carmen se le han caído los platos.
   9) A nadie se le ha olvidado.
   14) A mi mamá se le ha muerto el perro.
   16) A nosotros se nos ha hecho tarde.

45. TIME EXPRESSIONS

(página 81)
1. Ayer fue viernes 27 de agosto de 19...
2. Pasado mañana es martes 6 de julio.
3. Se independizó el 4 de julio de 1776, en el siglo XVIII.
4. Se celebra el 25 de diciembre.
5. Los meses de verano en Argentina son: enero, febrero y marzo.
6. Los meses de invierno en Washington son: diciembre, enero y febrero.
7. Estamos en primavera.
8. Se celebra el Día de Acción de Gracias.
9. Se celebra el primer lunes del mes de septiembre.
10. Se celebra el 12 de octubre de cada año.
11. Lo compré en 19... (en el 88)
12. Es de 19... (Es del 88)
13. Empecé a trabajar en el año 19... (en el 80)
14. Viajé en las vacaciones del año 19... (Viajé en el 80)
15. Fue en los años 60. (en la década de los sesenta)

46. "DEBER" "DEBE HABER" VS. "DEBIERA" "DEBIERA HABER"

A. (página 83)

1. deben haber	5. debieran haber	9. debiera (debe)
2. debiera haber	6. debe haber	10. debiéramos
3. debiera	7. deben haber (debieran haber)	(debemos)
4. debieras	8. debiera	

B. (página 84)

1. debemos felicitar	5. debieramos haber cumplido	9. debiera haber
2. debieran pagar	6. debe invitar	10. debe ser
3. deben respetar	7. debemos	
4. debemos cumplir	8. debe tener	

C. (página 84)

1. pido / debo	4. presta / debo	7. pide	10. devolver / prestan
2. debe	5. debe / debe	8. le debe	
3. pedir / preste	6. pido	9. prestar	

47. MORE ABOUT THE SUBJUNCTIVE "PEDIR" + SUBJUNCTIVE

(páginas 85 & 86)

1. b) que nos de...
2. b) que reserven...
3. b) si puede prestarnos...
4. b) que nos explique...
5. b) que hagan...
6. b) que espere...
7. b) si pueden ayudarle...
8. b) que prepare...
9. b) que nos acompañe.
10. b) si pueden darnos...
11. b) que vaya.
12. b) que colaboremos.
13. b) si puedo explicarle...
14. b) si podemos saber...
15. b) si pueden acatar...

48. THE USE OF "TENER + FRÍO, CALOR, ETC."
THE EXPRESSION "TENER GANAS DE"

A. (páginas 87)
1. Tengo ganas de comer.
2. teníamos frío.
3. Tengo ganas de "tomar vacaciones".
4. tienen miedo
5. tenga sueño / tenga ganas de dormir

B. (páginas 87)
1. tengo / dormir / cama
2. tengo hambre / empanadas
3. tenía / tenía ganas de / cerveza / bar
4. frazada / tengo frío / abrigarme
5. tiene calor / ventilador
6. policía / protección / miedo

49. SIZE, SHAPE, DENSITY - USEFUL VOCABULARY

(página 88)

1. pesado (grande)
2. redonda
3. larga
4. pequeño
5. cortos
6. alta
7. baja
8. redonda
9. punteagudos / redondas
10. claro
11. densas / oscuro
12. liviana
13. espeso
14. largos / cortas
15. transparente
16. pesada / liviana
17. cilíndricos
18. mediano
19. cúbicos
20. ovalada

50. MORE ABOUT REFLEXIVE VERBS

(página 89)

1. se ausentó
2. nos sentamos
3. se puso
4. se equivocó
5. se hizo
6. se sirvió
7. se equivocó
8. se figuró
9. se preocupe
10. ponerse (quedarse)
11. se vaya / quédese
12. sentarme / me siento
13. fíjese
14. se pusieron de acuerdo
15. me puse

51. REFLEXIVE VERBS VS. NON-REFLEXIVE VERBS

A. (página 90)
1. vistió / se viste / vestirme
2. detuvo (detiene) / se detuvieron / detenerse
3. se enfríe / enfriar
4. se echó a perder / echar a perder
5. se sientan / sienta / no se siente / sentarme
6. habían roto / se habían roto
7. bañe / bañarse / bañarte
8. me despertó / me desperté

B. (página 91)
1. llevar / llevarse
2. traer / traerme
3. me tome / tome
4. comes / se comió / comió

52. "NI ... NI" "NI SIQUIERA"

A. (páginas 92 & 93)
1. ni / ni / ni siquiera
2. ni siquiera
3. ni siquiera
4. ni / ni
5. ni / ni
6. ni / ni
7. ni
8. ni siquera

B. (página 93)

1. no	4. no	7. no	10. no	13. nada	16. ni	19. ni
2. ni	5. ni	8. ni	11. ni siquiera	14. no	17. no	20. no
3. ni	6. ni	9. ni	12. no	15. ni	18. ni	21. ni siquiera

53. THE FUTURE TENSE

A. (página 94)
1. lo compraré
2. se lo explicaré
3. lo traduciremos
4. lo alquilará
5. lo leerán
6. le escribiré
7. lo confirmaremos
8. dejaré de fumar
9. la venderá
10. nos reuniremos
11. los traerá
12. lo decorarán
13. los llevaré
14. nos quejaremos
15. se levantarán
16. nos acostaremos
17. me sentaré
18. me sentiré
19. no aceptaremos
20. la enviaré

B. (página 95)
1. saldremos
2. vendré
3. podrá
4. valdrá
5. podrán / cabremos
6. habrá
7. querrán
8. haremos
9. le diré
10. tendrán

54. THE SUBJUNCTIVE (REVIEW)

A. (página 96)
1. vuelva
2. estén
3. vayamos
4. llegue
5. estudie

6.	haga	9.	llamemos	12.	subamos	15.	vea
7.	sean	10.	digan	13.	tenga	16.	conozca
8.	venga	11.	limpie	14.	pueda		

B.   (páginas 96 & 97)

1.	se caiga	5.	se sientan	9.	acerques	13.	entristezca
2.	queramos	6.	vuelvas	10.	muera	14.	estudien
3.	tenga	7.	pidas / necesites	11.	traiga	15.	sea
4.	vaya	8.	se satisfaga	12.	quepan	16.	oigan

55. "CUANDO," "TAN PRONTO COMO," "DESPUÉS DE QUE" + INDICATIVE OR SUBJUNCTIVE

A.   (página 98)

1. habla / llega
    habló / llegó
    hablaba / llegaba
    hablará / llegue

2. me lo dice /entra
    me lo dijo / entró
    me lo decía / entraba
    me lo dirá / entre

3. almorzamos / llegamos
    almorzamos / llegamos
    almorzábamos / llegábamos
    almorzaremos / lleguemos

4. converso / veo
    conversé / vi
    conversaba / veía
    conversaré / vea

B.   (página 99)

1.	termine	3.	lea	5.	sepa	7.	llegue	9.	se acuesten
2.	tengamos	4.	llegue	6.	compremos	8.	se levante	10.	tengan

C.   (páginas 99 & 100)

1. Mañana, cuando llegue, tomaré café y, después de que termine la clase, iré al laboratorio.
2. Mañana, cuando venga en mi carro, oiré las noticias por la radio. Leeré el periódico cuando vuelva a mi casa; lo leeré tan pronto como termine de comer.
3. El mes próximo voy a ... Tan pronto como me encuentre en dicho país empezaré a hablar español, lo practicaré cada vez que tenga la oportunidad de hacerlo. Es decir, cuando viva allí, hablaré español todo el tiempo.

56. THE FAMILIAR FORM

(página 101)

1. haces	6. terminaste	11. dijiste	16. me mandes
2. compraste	7. leíste	12. te levantas	17. hagas
3. viste	8. usaste	13. te acostaste	18. vayas
4. sabías	9. pediste	14. trajiste	19. viniste / vengas
5. te gustó	10. habías terminado	15. pusiste	20. debieras haber ido

57. "GUSTARÍA" "QUISIERA"

(página 102)

1. a) quisiera	2. a) quisiera /	3. a) Quisiera	4. a) quisiera /
a) me gustaría	le gustaría	b) me gustaría	quisiera
b) le gustaría	b) gustaría	a) quisiera	b) Me gustaría

58. "ME," "ME LO," "SE LO," ETC.

(página 103)

1. me dieron / regalo / se lo agradecí
2. prestarme / se lo devuelva
3. le mandó / documentos / firmarlos
4. nos las tomó

5. a) prestarme / discos / tienes
   b) prestártelos / me los devuelvas
   a) devolvértelos
   b) te los presto
   a) préstamelos / te los devuelvo
   (devolveré)

59. PRESENT SUBJUNCTIVE, PRESENT AND PAST INDICATIVE (REVIEW)

A. (página 104)

1. traiga	6. trabaje	11. vuelva	16. hablé
2. escribió	7. trabajé	12. corra	17. hable
3. escribe	8. volvió	13. asista	18. hable
4. escriba	9. vuelva	14. asiste	19. habló
5. trabajo	10. volví	15. asista	20. hable

B. (página 105)

1. terminen	4. guste	7. ir	10. quedes	13. lleguen
2. vayas	5. pueda	8. vayamos	11. hay	14. haga
3. haya	6. visiten	9. estén	12. ayude	15. tengamos

60. "CONOCER" VS. "SABER"

A. (página 106)

1. conozco / sé	4. sé / conozco	7. sabe	10. sabe
2. sabe / conoce	5. saben	8. conozco / sé	11. sé / conozco
3. conozco / sé	6. conoce	9. conozco / sé	12. sepa / sepa

B. (páginas 106 & 107)

1. conocí / sabía	4. conocemos / sabemos	7. conocimos	9. sé / conozco
2. conoce / sabe	5. conocía / sabía	/ sabíamos	10. sé / conozco
3. conozco / conozco	6. conocen / saben	8. sé / sé	

C. (página 107)

1. sé / conozco	4. sepa	7. sé / conocerlo	10. saben
2. conocido	5. sepan	8. sabes	11. sepa / conozca
3. sabe	6. haya conocido	9. conozco	12. conozco / sé

61. PRESENT AND PAST SUBJUNCTIVE

(página 108)

1. venga / Sugerí que viniera...
2. abra / Dijo que abriera...
3. expongan / Quería que expusieran...
4. conceda / Esperaba que concediera...
5. pidas / Quería que pidieras...
6. venga / No creía que viniera...
7. podamos / sentimos que no pudiéramos...
8. haya / Me alegré que no hubiera...
9. sea / Me alegré que fuera...
10. duelan / Sentí que le dolieran...
11. sucedan / Era ridículo que sucedieran...
12. vendamos / Era importante que vendiéramos...

62. THE SUBJUNCTIVE (REVIEW)

A. (página 109)

1. pasemos	4. vuelva	7. responda	10. se aburran
2. haya	5. viajen	8. veamos	11. devuelva
3. siga	6. se meta	9. se sometan	12. valga

B. (páginas 109 & 110)

1. se acueste	4. salga	7. sirva	10. se identifique
2. hagan	5. se sienten	8. suelte	11. llame
3. decidan	6. se sientan	9. vengan	12. gane

C. (página 110)
1. presenten
2. estudiar / quedarme
3. aprendan
4. haya / sepa
5. vaya
6. quedemos
7. haya
8. haga
9. me levante / llegue
10. tenga / tengo
11. laven
12. vaya
13. fui / sabía
14. haya
15. vayas

D. (página 111)
1. e 2. f 3. j 4. b 5. c 6. a 7. h 8. d 9. g 10. i

E. (página 111)
Frases Nọ 2, 6, 9, 11 & 14

63. PRESENT AND PAST SUBJUNCTIVE, INFINITIVE, PRESENT AND PAST INDICATIVE (REVIEW)

(páginas 112 & 113)
1. entren
2. escribir
3. pueda
4. lleguen
5. estudiar
6. sufra
7. estén
8. supiera
9. llegaran
10. recibieron
11. tuviera
12. salga
13. habla
14. llegar
15. volviera
16. vayas
17. salió
18. lleves
19. entrar / vea
20. tenga
21. firmaran
22. llevara
23. sea
24. puedan
25. es
26. sea
27. salir
28. lleguemos / tomemos
29. iba (había ido)
30. vaya

64. PAST SUBJUNCTIVE

(páginas 114 & 115)
1. preparara / tuviera
2. escribiera / terminara
3. pusiera / llegara
4. fuera / fuera
5. dieran / fuera
6. dijera / se ofendiera
7. se fuera / tomara / llegara
8. escribiera / tuviera / recopilara
9. recibiera / fuera
10. atacaran / hubieran sido evacuados / muriera

65. MORE ABOUT THE SUBJUNCTIVE

(páginas 116 & 117)
1. ¿Tienes un auto o un camión?

a.26

2. Quiero ir al cine, pero no tengo dinero.
3. No hay cartas ni telegramas.
4. Quiero comprar esos guantes porque me gustan.
5. No puedes entrar a menos que tengas las entradas.
6. Pueden entrar con tal que tengan dinero.
7. Vamos a comprarlo si es barato.
8. Voy a esperar hasta que llegue el correo.
9. Toma este dinero para que compres los libros.
10. No puede ir al concierto sin que su padre le de permiso.
11. Puedo ir al cine porque mi padre me da dinero.
12. Queremos almorzar antes (de) que llegue Juan.
13. Vamos a estudiar después de que compres los libros.
14. Dígale que termine pronto.
15. Pregúntele si quiere ir al cine.
16. Podemos pedir vino, cerveza o jugo de frutas.
17. No quiero salir sin que llegue el jefe.
18. Sugiérale que traduzca la lección.
19. No pueden salir hasta que no terminen el trabajo.
20. Él compró el diccionario aunque sabía que no era bueno.

66. MORE ABOUT THE SUBJUNCTIVE (UNKNOWN ANTECEDENT)

A. (página 118)
Busco una casa que tenga 4 dormitorios, etc. Que la cocina sea moderna, que el jardín sea grande y esté bien cuidado; que ofrezca muchas comodidades. Que la entrada dé a un parque que sea bonito. Una casa que quede lejos de la zona comercial y que no cueste mucho. Que se pueda habitar inmediatamente.

B. (página 119)
Se necesitaría un proyecto cuyo costo no resultara muy alto, que ofreciera facilidades de pago, etc. (Lo anterior es una posible respuesta; otras frases que sigan una estructura gramatical similar serán correctas.)

C. (página 120)
En el país necesitamos leyes que protejan a la clase obrera, que den alternativas a la madre que trabaja fuera del hogar, etc. (Lo anterior es una posible respuesta; otras frases que sigan una estructura gramatical similar serán correctas.)

67. MORE ABOUT FAMILIAR FORM

A.   (página 121)
1. hazme / ponla / dile   2. ve tú / sé   3. ten / ponlos / sal / hayas terminado

B.   (página 122)

1. dale de comer	6. arregla	11. pasa	16. llama
2. sácalo de paseo	7. ten cuidado	12. compra	17. no llames
3. no lo dejes	8. no llames	13. no pagues	18. haz
4. cierra	9. pregunta	14. ayúdales	19. no le pongas
5. ten cuidado	10. ve a buscar	15. no los dejes	20. pon

68. THE CONDITIONAL FORM

A.   (página 123)
1. saldría y que volvería ...   3. tendríamos ...
2. vendrían ...   4. habría .... y que la entrada valdría ...

B.   (página 123)   (posibles respuestas)
Haría un viaje .... Me hospedaría en los ... Comería en ... Compraría .... Al volver, mandaría a ...

69. PAST SUBJUNCTIVE AND CONDITIONAL

A.   (página 124)
Si fuera la una, tendría mucha hambre e iría a almorzar a un restorante cerca de aquí. No iría solo, iría con mi amigo José. Si fuera con mi amigo José, pediría para los dos, pero el mozo se pondría nervioso, se confundiría, y nos traería algo raro. Si nos trajera algo raro, la comida no nos gustaría y no la comeríamos. Saldríamos en seguida. Si saliéramos en seguida, el mozo correría hacia la puerta, pero en la confusión se caería. Si se cayera, se le romperían unos vasos y él no sabría qué hacer. Entonces, empezaría a llorar. Si empezara a llorar, el jefe se enfadaría y nos buscaría, pero no nos encontraría. Así, el mozo debería pagar los vasos y mi amigo y yo decidiríamos no volver a ese restorante.
(Puede haber variedad en la respuesta tanto para A como para B, pero debe seguir la misma estructura.)

B. (página 124)

Si fuera domingo, saldría para la iglesia con mis hermanos, iríamos en auto. Si fuéramos en auto, mi padre preferiría manejar, y mi madre no se pondría nerviosa. Después de la iglesia daríamos una vuelta. Si diéramos una vuelta, mi padre nos compraría dulces; pero José no comería dulces, tomaría una limonada.

70. MORE ABOUT INDIRECT DISCOURSE IN THE PAST

(páginas 126 & 127)

1. la inestabilidad política había ocurrido por... Que cuando bajaran los ..., la gente se mostraría ... y habría más estabilidad en el país.

2. ya que había aprendido un ..., trataría de ampliar... Y que cuando fuera allí podría entender mejor su cultura y su gente.

3. Le pregunté a José si tenía hambre, y me dijo que tenía tanta hambre que no sabía qué hacer. Entonces le pregunté que por qué no comía algo. Me respondió que no había traído nada. Por eso le sugerí que fuera al restorante de la esquina, y me explicó que no tenía dinero. Como yo tampoco tenía dinero, le aconsejé que le pidiera prestado a Pablo.

4. Le pregunté a José si había alguien que supiera portugués, y me dijo que no, que no había nadie que hablara portugués. Le expliqué que yo haría un viaje por Brasil, y que necesitaba que alguien me explicara algunas cosas del país. Él me aconsejó que fuera a la universidad donde había muchos brasileños. Entonces, le di las gracias, y le dije que iría cuando saliera de la clase.

5. Le pregunté a José si habían pasado el proyecto de ley sobre importación. Él me contestó que sí; pero me explicó que había mucha gente descontenta porque habían dejado ciertos aranceles que los empresarios no querían. Me explicó que no fomentaban la importación. Yo estuve de acuerdo con él, porque si hubieran eliminado ciertos impuestos sería más fácil la entrada de ciertos productos al país.

71. PAST SUBJUNCTIVE AND CONDITIONAL

(página 128)

1. a) Me gusta mucho la pintura dominicana. Si no tuviera tantos cuadros, o si tuviera un lugar donde ponerlo, compraría por lo menos uno más.
(Lo anterior es una posible respuesta; otras frases que sigan una estructura gramatical similar serán correctas tanto para (a) como para (b).)

(página 129)
2. a) Bueno, si yo invirtiera en una hacienda ganadera, tendría que resolver el problema de peones. (Lo anterior es un ejemplo de posibles respuestas, estructuras similares serán correctas, tanto para a como para b y c.)

(página 130)
Si tuviera tiempo asistiría a ese seminario. (Lo anterior es un ejemplo de posibles respuestas, estructuras similares serán correctas.)

(página 131)
Si no hubiéramos cambiado el itinerario, habría conocido el Puente de la Amistad. (Otras frases que sigan una estructura similar serán correctas.)

72. CONJECTURE IN THE PAST

(páginas 132 & 133))
1. ¿Habrá hecho mi esposa la reservación? (¿Haría mi esposa la reservación?) ¿Me habrá comprado los cheques viajeros? (¿Me compraría los cheques viajeros?)
2. (Frases similares a las del N̲o 1 serán correctas.)
3. habrán terminado las guerras religiosas. (y otras frases con estructura similar)
4. hayan terminado (o no hayan terminado todavía) las guerras religiosas. (y otras frases con estructura similar)

73. PREPOSITIONS, CONJUNCTIONS AND ADVERBS

A. (página 134)
1. en   2. de   3. por   4. contra   5. sin   6. bajo

B. (página 135
1. de	6. con	11. ya que	16. por medio de
2. sobre	7. sin	12. sobre	17. de
3. desde	8. de	13. asímismo	18. a
4. en	9. por su parte	14. en	
5. por	10. tras	15. entre	

74. SECOND PERSON PLURAL "VOSOTROS" FORM

A. (página 138)
1. ¿Vosotros veis los cafés tan llenos?   3. Al principio no necesitáis.
2. Pero, ¿cuál practicáis?   4. ¿Cómo creéis que vamos a poder?

5. Vosotros salís temprano, ¿verdad?
6. ¿Tenéis otra cosa que hacer?
7. ¿Vosotros sabéis la última noticia?
8. Vosotros siempre decís lo mismo.
9. Sin embargo, voy a ver lo que decís.
10. ¿No queréis otro trago?

B. (página 138)
1. ¿Trajisteis la guitarra?
2. ¿Mandasteis a revelar las fotos?
3. Hicisteis bien en dejar ese trabajo.
4. ¿Le hablasteis al coronel del asunto?
5. ¿Fuisteis solos a Europa?

C. (página 138)
1. ¿No lo sabíais?
2. Me habíais dicho que ibais a tomar fotos.
3. ¿Echabais de menos a la familia?
4. Vivíais en la Florida.
5. ¿Vosotros érais profesor?

D. (páginas 138 & 139)
1. Realmente es mejor que lo hagáis.
2. No importa que no sepáis el idioma.
3. Siento mucho que vosotros no podáis ir.
4. Ana no quiere que fuméis
5. Espero que vengáis temprano.

E. (página 139)
1. No seáis tan exigentes.
2. No digáis esas cosas.
3. No le hagáis caso.
4. No os preocupéis.
5. No os quejéis tanto.

F. (página 139)
1. recordáis / tenéis / tenéis / venid / por vosotras / estad
2. como necesitáis / os / ayudaros / venid / os / os / sed

G. (página 139)
1. Sí, dijisteis algo horrible.
2. Sí, perdisteis mucho.
3. Sí, lo hicisteis bien.
4. Sí, la visteis toda.
5. Sí, llegasteis a tiempo.

H. (páginas 139 & 140)
1. Comprad...   2. Quedaos...   3. Traducid...   4. Dadle...   5. Idos...

I. (página 140)
1. No, no volváis.
2. No, no os vayáis.
3. No, no le deis.
4. No, no lo pongáis.
5. No, no se lo digáis.

J. (página 140)
1. Deseo que os vayáis. (que os quedéis)
2. Es mejor que comáis. (que toméis)
3. Es necesario que lo leáis. (que lo sepáis)
4. Quiero que sigáis. (que empecéis)
5. Prefiero que abráis la...

K. (página 140)
1. Os doy...
2. Os llevo ...
3. ...os regaló.
4. Se os olvidó...
5. ... os la va a mandar.

REPASO # 1

(página 141)

1. gusta
2. acostarme
3. me despierto
4. enciendo
5. veo
6. quiero
7. pienso
8. me duermo
9. suena
10. empiezo
11. calienta
12. cuela
13. cuece
14. tuesta
15. me siento
16. hojeo
17. cierro
18. me doy
19. sé
20. miro
21. veo
22. nieva
23. atraviesa
24. espera
25. tirita
26. lleva

(páginas 141 & 142)   Continuación

27. son
28. suelo
29. pienso
30. me pongo
31. vuelo
32. tropiezo
33. empiezo
34. hielan
35. pierdo
36. me encuentro
37. corremos
38. llegamos
39. devuelvo
40. salgo
41. pregunta
42. voy
43. digo
44. cuesta
45. sirven
46. despedimos
47. entramos
48. están
49. esperan

REPASO # 2

(página 143)

1. llevé
2. estaban
3. era
4. iban
5. entraron
6. se alegraron
7. vieron
8. empezaron
9. compré
10. vendían
11. querían
12. compré
13. les gustó
14. subimos
15. nos sentamos
16. se veía
17. estaba
18. les sorprendió
19. empezó
20. salió
21. bailaban
22. tocaban
23. imitaban
24. disfrutaron
25. se quejó
26. miraba
27. podía
28. hacían
29. describieron

REPASO # 3

(página 144)

1. por	5. de	9. por	13. de	17. a	21. en
2. por	6. de	10. por	14. a	18. por	22. para
3. por	7. en	11. por	15. a	19. para	
4. en	8. entre	12. por	16. con	20. por	

REPASO # 4

(página 145)

1. tibias aguas	9. manos frías	17. pianista bueno
2. sonrosadas mejillas	10. casas grandes	18. hombre viejo
3. gran héroe	11. hombre grande	19. coche nuevo
4. mesa redonda	12. pobre perro	20. nuevo carro
5. hermosos zapatos	13. mismo jefe	21. pequeño coche italiano
6. zapatos negros	14. clase media	22. coche deportivo italiano
7. muebles modernos	15. vieja amiga	
8. literatura francesa	16. buen pianista	

REPASO # 5

(páginas 147 & 148)

1. están / está / estar	8. está	14. está	21. hubo
2. sea / es	9. estábamos /	15. eran / eran	22. es / está
3. fue	quedó	16. es / sea	23. están
4. hay	10. eran / estaba	17. es (será) / es (será)	24. era / era /
5. son	11. fueron	18. son / estoy	está
6. está	12. hay	19. es	25. son / son /
7. es	13. queda (está)	20. era / fue	están

(página 148)
1. Mary, ¡qué joven está!
2. Su hermano está sentado en la entrada.
3. Estoy delgado(a) porque estoy (he estado) a dieta.
4. Están acostados en el césped.
5. Aquí debe (tiene que) haber alguien 24 horas al día.

6. Este café está delicioso.
7. Su mamá está muy joven.
8. Ella es muy joven.

REPASO # 6

(páginas 149 & 150)
1. venga / vino / viene / venía
2. lleguemos / llegamos / llegamos
3. tengo / tenga / tengo / tenía
4. era / sea / es
5. conozcas / conociste
6. encuentre / encuentro / encontraste
7. haga / hizo / haga / hace
8. pida / pidió / pide
9. terminaste / terminas / termines
10. invites / invitas / invitabas

REPASO # 7

A.   (página 151)
 1. sirviera
 2. me despertaría
 3. nos divirtiéramos
 4. hagan
 5. te acostabas
 6. mejorará
 7. dolía
 8. invitemos

B.   (página 151)
Todas las frases necesitan subjuntivo presente o pasado, según el caso.

REPASO # 8

A.   (página 152)
 1. cual
 2. que
 3. con quienes
 4. de quien
 5. lo que
 6. cuyos
 7. lo que (lo cual)
 8. quienes

B.   (página 152)
 1. La carta que recibí ayer era de mis padres.
 2. Tienen muchas fotos de España, cuya capital visitaron en 1974.
 3. No entendí lo que dijo.
 4. Me dio los nombres que le pedí.
 5. Ese cuadro fue un regalo de su yerno cuyo gusto es extraño.

REPASO # 9

A.   (página 153)
 1. que
 2. que (quien)
 3. quien
 4. quien
 5. cual
 6. que
 7. lo que
 8. lo que
 9. que / que
 10. cuya
 11. las que (cuales)
 12. quien
 13. que

B. (páginas 153 & 154)
1. Las flores que están en el florero son rosas.
2. La que está aprendiendo a escribir a máquina es la que quiere trabajar en una oficina.
3. Mi padre, que (quien) vive en Chicago, está jubilado.
4. El niño, que tiene tres años, no se viste por sí mismo.
5. Los que estaban contentos se rieron alegremente.
6. Los que tienen malas notas son los que sueñan con las vacaciones en la clase.
7. En lo que pienso constantemente es en ir al Perú en auto.
8. Abrió la maleta en la que (cual) guardaba los documentos.
9. Lo que les alegró fue que la cosecha fuera abundante y ganaran mucho dinero.
10. Yo estudio con Ana que (quien) es amiga mía.
11. El cuento "Nadie a quien matar", cuyo autor es Lino Novás-Calvo, es sobre Cuba.
12. Todos los que terminaron el examen salieron de la clase.
13. George Foreman fue el boxeador contra quien (el que) Alí perdió.

REPASO # 10

A. (página 155)
1. Roberto le dice a María que lo invite a cenar esta noche.
2. Ellos le pidieron a la profesora que escribiera la frase en la pizarra.
3. La profesora aconsejó que primero la escucharan y que después le preguntaran.
4. Afirmaste que tenías hambre.
5. Pepe nos rogó que saliéramos de la casa.
6. Le dije que quería aprender español.
7. Ana me explicó que le habían dado la fórmula, y que en el futuro sería posible que ella hiciera cosas importantes.
8. Pepe me preguntó si había escrito muchas composiciones para la clase.
9. La madre le ordenó al niño que dijera la verdad.
10. Le dije a José que hiciera lo que quisiera.

B. (página 156)
Consulte con su profesor para las respuestas.

C. (página 156)

1. pidiera	3. entiendan	5. vieran	7. devuelva
2. llame	4. llegara	6. preguntaras	8. estuvieras

REPASO # 11

A.   (páginas 157 & 158)
1.   El gobernador ordenó que censuraran la película.
2.   Él dudaba que supiéramos la noticia.
3.   Me alegro que haya llovido mucho.
4.   Nos sorprendió que Pepe nos lo hubiera traído (trajera).
5.   Mi familia prefiere que no lo hagamos.
6.   Nuestros padres nos permitieron que fuéramos al cine.
7.   Temo que Josefina se haya suicidado.
8.   Nos entristeció que ella hubiera cometido (cometiera) ese crimen.
9.   Sentí mucho que no hubieran venido (vinieran) a mi fiesta.
10. Espero que lleguen mañana.
11. Es increíble que nunca sepan lo que pasa en su propio país.
12. Estoy seguro que Pedro puede hacerlo.
13. Dudamos que a Ximena no le gusten los frijoles.
14. Qué lástima que hayas sacado muy malas notas.
15. No están seguros de que ese problema sea muy complicado.

B.   (página 158)
1. valga	3. vale	5. podía	7. pudiera	9. tenía
2. valga	4. repitió	6. pudiera / pueda	8. podía	10. eran

REPASO # 12

(página 159)
1. estaba	5. estaban	9. estaban	13. estaba	17. estaba
2. estaba	6. estuvo	10. estuve	14. estuvieron	18. estaba
3. estuvo	7. estábamos	11. estaba / estaba	15. estuvo	19. estaba
4. estaba	8. estaba	12. estaba	16. estuvo	20. estuve

REPASO # 13

(página 160)
1. fue	5. era / fue	9. fue	13. fue	17. fue
2. fue	6. era	10. era	14. fue	18. era
3. era / era	7. fue	11. era (fue)	15. era	19. era
4. fue	8. fue	12. era / fue	16. fue (era)	20. era / era / era

REPASO # 14

(página 161)

1. estaba / era
2. era / fue
3. era / estaba
4. estaba / estuve
5. estuvo / estuve
6. era / es
7. era / era
8. estaba / estaban / estaba
9. era / era / ser
10. fue / estaba
11. era / fue
12. ha sido / ha estado
13. estaba / estaba
14. estaba / estaba / había estado
15. era / era

REPASO # 15

(página 162)

1. por
2. por
3. para
4. por
5. para
6. por
7. para
8. por
9. por
10. para
11. para
12. por
13. por
14. por
15. para
16. por
17. para
18. por
19. por
20. para
21. por / para
22. para
23. para
24. por
25. para
26. para
27. para
28. para
29. para
30. por
31. para
32. por
33. por
34. para
35. por
36. por
37. por

REPASO # 16

(página 164)

1. Ha
2. hubo
3. haya
4. habían
5. haya
6. había
7. ha
8. había
9. han
10. Ha
11. habrían / hubiera
12. haya
13. haya
14. hubieran
15. hubiera
16. haya
17. haber
18. haya / hay

Printed in the United States
870500001B

9 780884 326977